幼儿园阳光体育活动设计

叶向红　编著

北京理工大学出版社
BEIJING INSTITUTE OF TECHNOLOGY PRESS

版权专有　侵权必究

图书在版编目 CIP 数据

幼儿园阳光体育活动设计/叶向红编著. - - 北京：北京理工大学出版社，2022.2

ISBN 978 - 7 - 5763 - 1066 - 5

Ⅰ.①幼…Ⅱ.①叶…Ⅲ.①体育课 - 教学设计 - 学前教育Ⅳ.①G613.7

中国版本图书馆 CIP 数据核字（2022）第 030978 号

出版发行 / 北京理工大学出版社有限责任公司
社　　址 / 北京市海淀区中关村南大街 5 号
邮　　编 / 100081
电　　话 / (010) 68914775（总编室）
　　　　　 (010) 82562903（教材售后服务热线）
　　　　　 (010) 68944723（其他图书服务热线）
网　　址 / http://www.bitpress.com.cn
经　　销 / 全国各地新华书店
印　　刷 / 唐山富达印务有限公司
开　　本 / 710 毫米 × 1000 毫米　1/16
印　　张 / 10.5　　　　　　　　　　　　　　责任编辑 / 李　薇
字　　数 / 178 千字　　　　　　　　　　　　文案编辑 / 杜　枝
版　　次 / 2022 年 2 月第 1 版　2022 年 2 月第 1 次印刷　责任校对 / 刘亚男
定　　价 / 52.00 元　　　　　　　　　　　　责任印制 / 施胜娟

图书出现印装质量问题，请拨打售后服务热线，本社负责调换

前　言

　　本书是以《幼儿园工作规程》《幼儿园教育指导纲要》和《3~6岁儿童学习与发展指南》为指导，应学前教育发展需要和一线教师工作需要进行创编的，从理论和实践层面指导教师在体育活动中注重幼儿的自主活动和自我建构，提高幼儿的身体素质。

　　良好的身体素质必须从小开始培养，幼儿的体育教学越来越受重视，如何科学地对幼儿体育活动进行设计成为幼儿园开展体育教学的重点。《关于全面加强和改进新时代学校体育工作的意见》指出，学前教育阶段要开展适合幼儿身心特点的游戏活动，培养体育兴趣爱好，促进运动机能协调发展。《儿童青少年肥胖防控实施方案》提出，要保证幼儿每天的户外活动时间，在正常的天气情况下不少于2小时，其中体育活动时间不少于1小时。

　　本书集中了幼儿园教师、中高职在校学生的宝贵经验和智慧，呈现了体育活动中的成功研究课例。从理念到实践提高幼儿园教师设计、组织体育活动的能力和水平，书中案例大多来自幼儿园一线实践，既便于教师指导学生学习，又有利于学生自主学习。

　　本书充分考虑幼儿的年龄特点、发展需要和幼儿体育活动的特质，编写体例完整，有"活动设计意图""活动目标""活动准备""活动内容""活动延伸""活动反思"等内容，形成与之适应的小、中、大三个年龄班20余个体育游戏活动。

　　在本书编写过程中，得到了北京学前教育职教集团各成员单位的大力支持，感谢学前教育同人对幼儿体育的创新与探索。希望在未来，各位同人能够共同努力，倾听童声，重视幼儿的视角想法；回归本质，彰显体育的教育意义；遵循规律，创设合宜的体育内容。

目　　录

多变的体育 …………………………………………（1）
有趣的体育游戏 ……………………………………（8）
趣味定向 ……………………………………………（16）
操场保卫战 …………………………………………（24）
小猪历险记 …………………………………………（31）
快乐的小螃蟹 ………………………………………（37）
好玩的球 ……………………………………………（44）
营救蛋宝宝 …………………………………………（54）
我是勇敢的小战士 …………………………………（59）
我是小勇士 …………………………………………（64）
陆地快艇 ……………………………………………（70）
春分播种 ……………………………………………（74）
灭五毒 ………………………………………………（80）
戏游端午 ……………………………………………（84）
惊蛰打鼠虫 …………………………………………（89）
除蛰虫 ………………………………………………（94）
小兔种萝卜 …………………………………………（101）
羊村小勇士 …………………………………………（106）
攻城游戏 ……………………………………………（112）
双脚夹包甩远 ………………………………………（118）
跳跳虎小队 …………………………………………（123）
超能陆战队 …………………………………………（127）
丛林搬运工 …………………………………………（131）
汪汪队历险记 ………………………………………（135）

小兔来闯关 …………………………………………………………（138）
小螃蟹运西瓜 ……………………………………………………（142）
森林足球运动会 …………………………………………………（146）
下雨啦 ……………………………………………………………（150）
投粽喂小鱼 ………………………………………………………（155）
北京学前职教集团"阳光体育活动设计" ………………………（158）

多变的体育

申请人简介：我是来自北京经贸职业学院学前教育专业的李思雨。作为一名对幼师充满向往的学生，我热爱这份职业，更喜欢小孩子们。在刚开始接触学前教育专业的时候，我就觉得这个专业非常适合我。我性格开朗，善于交际，能吃苦，有亲和力，喜欢钻研，具有创新意识。我希望未来可以用耐心和爱心让小朋友们喜欢我，愿意和我做朋友。
所在单位：北京经贸职业学院国际经济贸易系学前教育专业
适用班级：幼儿园大班

一、活动设计意图

美国学者杜威认为："兴趣是刺激儿童学习的好形式。"大班幼儿已经有一定跑、跳跃、平衡的基础，组织幼儿体育活动不仅可以激发幼儿对体育活动的兴趣，还可以以轻松的游戏形式使幼儿积极地参与体育活动，使幼儿可以自主地去探索和发现，提高幼儿对强身健体的意识，发展幼儿的基础动作与身体平衡的潜质并提升幼儿的体能，培养幼儿不怕困难、互相协作、相互团结的品质，从语言、健康、社会、科学、艺术五大领域促进幼儿情感、体力、能力、知识和技能等方面的发展，因此阳光体育活动对幼儿来说是必不可少的。

小课题
（1）如何丰富幼儿活动的内容。
（2）如何提供活动的教育价值，对幼儿进行有效引导。
（3）如何用幼儿感兴趣的教育方式来激发他们对体育活动的兴趣。

二、活动目标

（1）通过有关体育的游戏、故事促进幼儿对体育的兴趣。
（2）让幼儿喜爱体育活动，愿意在一定环境下自主利用身边的器械进行体育活动。

（3）在需要大家齐心协力完成的体育游戏中，让幼儿了解到合作的重要性，学习与同伴分工合作。

（4）在大班幼儿跑、跳跃、平衡等的基础上，让幼儿标准、协调、灵活地进行各种体育动作。

（5）让幼儿能辨别体育活动的指令，能迅速地对集合、分散、变换队形等口令做出反应。

（6）使幼儿能掌握多种活动道具的用法，并且能合理地运用。

（7）使幼儿进一步了解关于体育的常识，具有强身健体的意识，遵守活动规则，有集体观念，在活动中懂得合作、谦让、不怕困难。

（8）使幼儿能与同伴友好相处，与同伴发生冲突后能自己处理问题，能倾听别人的建议，不欺负别人也不允许别人欺负自己。

三、活动准备

玩具机器人、板凳若干、毛绒玩具、呼啦圈、平衡木、小筐子，每人一个皮球、剪纸小鱼。

四、活动内容

本次活动分两课时进行。

（一）课时一：讲故事

1. 准备活动，引起幼儿兴趣

准备玩具机器人，让幼儿与玩具机器人打招呼。

老师："小朋友们，快听听，是什么人在哭呀？我们一起把他找出来好不好？"幼儿："是玩具机器人在哭。"老师："玩具机器人怎么了？他为什么不高兴呢？我们问问他。"玩具机器人："我很难受，我刚刚还能动，但是不知道怎么了我就动不了了，我忘记哪里能动了，小朋友们，你们可以帮帮我吗？告诉我身体哪里可以动。"老师："你们要帮玩具机器人吗？要告诉他身体哪里可以动吗？"

2. 探索自己身体哪里可以动，并在那个部位做出标记

请几位幼儿跟着音乐做动作，让其他幼儿观察并讲述这几位幼儿的哪些部位在动。表演时提醒幼儿观察，表演结束后，问哪些部位动了。幼儿说出一些部位并一一作出标记,老师帮忙纠正并鼓励幼儿。老师:"其实,我们身体的许多部分都可以动,请小朋友们自己动一动,告诉玩具机器人吧。"让幼儿自由探索。

3. 讲述运动的好处,让幼儿知道要多做运动

幼儿帮助玩具机器人后,玩具机器人:"谢谢你们帮助了我,为了报答你们,我要告诉你们一个秘密,如果小朋友们想变高、想变得有力气、变得强大、不生病的话就要多运动哦,运动可以让身体变强壮,而且不会生病。下面跟老师一起去运动吧。"

4. 讲故事引导幼儿运动,让幼儿知道运动的重要性

老师:"既然你们知道了玩具机器人的秘密,老师就来给你们讲个故事吧。"

故事1:"从前,在小河边住着一只美丽的小天鹅。小天鹅有个坏毛病那就是不爱运动,甚至连多走几步路都会觉得很累!有一天河边来了一群小鸭子,他们排成一队正在跑步。'小天鹅,我们一起去跑步吧!'一只小鸭子说。'跑步多累呀,我才不去!'小天鹅摇摇头。

小天鹅站在河边休息,不一会儿,几只小兔蹦蹦跳跳走过来,她们拿出一条绳子,摇一摇,跳一跳,可开心了!'小天鹅,来和我们一起玩吧!多运动,身体棒!'一只小兔笑着邀请她。'可是,跳绳多累呀,我还是不玩了!'小天鹅摆摆手,向后退。到了正午天气热了起来,小天鹅到大树底下乘凉。'嗨哟,嗨哟!'这是什么声音?小白鹤回头一看,她看到小黑熊正在举哑铃,他累得一身大汗。'小天鹅,和我一起锻炼吧!'小黑熊说。'举哑铃多累呀,我不练!'小天鹅拒绝了。最后小天鹅因为不爱运动,变得越来越胖了。有一天,她在河边看到小孔雀正在轻盈地跳舞,小天鹅被深深地吸引了,她决定学习舞蹈。可是,小天鹅一跳,发现自己根本跳不起来,也转不起来。因为她实在是太胖了!小天鹅伤心地哭了起来。这时,小鸭子、小兔子和小黑熊走了过来。它们告诉小天鹅,只要多做运动,就能变得既健康又美丽。小天鹅听了,鼓起了勇气,决心跟大家一起运动。经过一段时间的锻炼,小天鹅终于恢复了美丽的身姿,而且学会了跳舞,现在,她的舞跳得可棒了。"

故事2:"有一天,小兔子来到小猪家,敲了敲门说:'我是小兔子,今天天气真好,小猪我们一起去跑步吧!'小猪正在睡觉,他懒洋洋地说:'我才不跑步呢,我还要睡觉做美梦呢!'小猪连门都懒得开一下就又睡着了。第二天,小白狗来了,敲了敲门说:'小猪我们去游泳好吗?'小猪正在看电视,说:'不行,动画片这么好看,游泳累,我才不去呢。'小猪还是没有开门。几天后,小猪发现自己变得更胖了,他问妈妈为什么。妈妈说:'那是因为你不运动。'小猪听了很后悔,就打开房门走了出去,发现有很多好朋友的脚印。他想了想,就

去找小白狗、小兔子了，就这样它不仅找到了好朋友，还向他们道歉说自己每天都会锻炼身体。后来，小猪也变成了勤劳的好孩子。"

对于大班时期的幼儿，运用故事导入的方法是相当有吸引力的，他们还可以从故事中获得很多的启发，有些故事甚至会影响幼儿的健康成长。听故事可以帮助幼儿学习语言，增强幼儿的记忆力，丰富和发展幼儿的想象力。因此，可以用故事丰富幼儿的想象，引起幼儿的兴趣。

（二）课时二：玩游戏

1. 带幼儿去活动室做体育课前准备动作，活动身体

（1）听音乐，让幼儿跟着节奏做律动，活动腰、关节等。

（2）整理队伍（稍息、立正、集合、成体操队形散开等），为小学的课间操打好基础。

（3）拿出板凳让幼儿把板凳摆成一列，然后让幼儿踩着板凳走，锻炼幼儿身体的协调性和动作的平衡性。把幼儿分成两个队练习跨障碍跑，把板凳增加到两个，让幼儿自由探索用跳跃的方法跳过障碍。

2. 准备体育小游戏，锻炼幼儿体力

（1）游戏：送小动物回家。

老师："请小朋友们按照早操的队形排好，然后分成四个小组。"

"每个小组的旁边都有一个小筐子，小筐子里装了很多毛绒玩具，前面就是这些毛绒玩具们的家，请你们送它们回家好不好？"

"我们可以把毛绒玩具夹在腋下，跳过途中的呼啦圈，然后小心地走过平衡木把毛绒玩具放到它们自己的家里，再绕过小筐子跑回来，握下一个小伙伴的手，被握到的小朋友再拿一个毛绒玩具接着开始比赛。"

"让我看看哪一组的小朋友们可以最快地把毛绒玩具送回家呢？"

（2）游戏：红灯，绿灯，立刻开灯。

邀请一位幼儿背对着其他幼儿负责开灯，这位幼儿站在场地的另一端，其他幼儿往前随意地行走或做各种姿势的动作。当负责开灯的幼儿大声说完"红灯，绿灯，立刻开灯"转回头时，其他幼儿必须立刻如木头人一般静止地站立在原地，直到负责开灯的幼儿再转回头。如果这时有人控制不住不小心动了，他就成为下一个负责开灯的幼儿，游戏反复进行。

（3）游戏：切西瓜。

幼儿手拉手围成一个大圆圈，老师与幼儿一起有节奏地念："切、切、切西瓜，我们的西瓜香又甜，要吃西瓜切开来。"与此同时，老师边走边在幼儿拉手

处做切西瓜的动作。念完儿歌后，老师的手停留在哪两位幼儿的中间，这两位幼儿就把手放开，拉着其他幼儿的手往圆心跑，表示西瓜从这被切开了。然后大家一起做吃西瓜的动作，吃完后接着围成一个圆圈，游戏再次开始。

（4）游戏小花猫钓鱼。

全体幼儿当"小花猫"，老师当猫妈妈。游戏开始时猫妈妈说："喵！喵！小花猫们，妈妈饿了，你们去帮我钓些鱼吧！"这时幼儿们一起跑步到河边，每个人必须拿一条小鱼跑回家，然后把鱼交给猫妈妈，游戏结束。

游戏规则：
①小猫们必须要听猫妈妈说完"帮我钓些鱼吧"这句话才能开始跑。
②蹲在河边钓鱼，不要站到河里去。
③一人只能钓到一条鱼。

注意事项： 幼儿们熟悉游戏后，可增加游戏的难度，在河边画两条线做小桥，小猫能过桥钓对岸的鱼，还可以增加钻的动作，如放一个拱形门，钻小山洞去钓鱼。

（5）游戏躲球。

向上抛球的幼儿，随便喊一个幼儿的名字，其他幼儿立即从被喊名字的幼儿身边逃跑。被喊名字的幼儿接到球后，立即向大家喊停，大家停止逃跑，一起数1、2、3，然后向一个人跑三步后向他抛球，尽力让球碰到他。被球碰到的幼儿拾球后再抛球，游戏继续。如果没有幼儿被碰到，则再次抛球，游戏重新开始。

游戏规则： 把球抛上高空后让球自由地落下，当球在地上蹦起三下的时候，让幼儿相互推球，使球碰到别人。连续三次都被球碰到的小朋友，就要被惩罚（做鬼脸、摆个动作等）。

（三）活动小结

老师："今天小朋友们表现得都不错，我们来给自己鼓鼓掌吧，每一小组都得到了一朵小红花，小朋友们可以说说自己成功的经验和不足的地方。"

（四）活动结束

听音乐自由活动一会儿，然后整理队伍回教室休息，结束课程。

（五）幼儿体育游戏的目的

（1）儿童的基本活动是体育游戏，体育游戏是提升幼儿运动能力的重要起点，幼儿能在游戏中提高运动能力，促进身心协调，享受自由与快乐。户外活动可培养幼儿相应的品质和能力。

（2）可以适当加强幼儿的运动量，满足幼儿好动的天性，使幼儿在集体生活中情绪安定，喜爱上体育活动，自主参加各项体育项目，培养自信心，愿意与人交流，不怕苦难。

（3）培养幼儿与周围环境的亲近感，让幼儿对体育运动不再陌生，培养幼儿对各种事物、现象的兴趣，丰富对事物的感觉。

（4）体育游戏的趣味性有助于幼儿的正常发育、机能协调发展以及养成活泼的性格，能培养幼儿的合作能力和社交能力。

五、活动延伸

（1）以上体育活动可以在休息期间继续进行。

（2）回家后可以从集体游戏变为亲子游戏（与爸爸妈妈一起分组进行）。

六、活动反思

（1）本次阳光体育活动通过玩具机器人的遭遇引起幼儿参与活动的兴趣，让幼儿更深入地了解自己的身体。老师运用问题情景的方式有助于幼儿发现本次活动的学习重点，让幼儿了解体育运动可以让身体变好、变强壮，进而有效激发幼儿对体育运动的学习兴趣。

（2）本次活动以讲故事和玩游戏的形式进行教育，以幼儿感兴趣的方式增强各项体育运动的趣味性。在体育活动中运用不同的游戏培养孩子克服困难的精神和与同伴合作的意识，促使幼儿积极主动地参与以后的体育活动。本次活动不仅使幼儿完成了体育动作技能的练习，还让幼儿以自己喜欢的方式体验了体能运动的快乐。

（3）随着大班活动的深入，老师准备的游戏从易到难，从基础到系统。这些活动让幼儿充分理解游戏的规则并遵守规则，在练习平衡走板凳游戏中，第一次让幼儿在板凳直线行走；第二次加大距离，以跳跃或跨越的方式才能通过，且加大跳跃或跨越的宽度，要求幼儿手拉着手携手共同完成体育游戏；第三次用比赛的形式进行跨越，大班幼儿更喜爱玩有竞争性或挑战性的游戏，且会为比赛中的同伴喊加油，鼓励自己的同伴，这充分体现了"团结与合作"的精神。本次活动让幼儿充分体会到体育游戏的乐趣并实现整个教育教学的目的。

（4）在活动中，老师与幼儿共同学习，整个阳光体育活动将幼儿心育的培养目标放在了一定的高度。如引导幼儿主动去解决问题，培养幼儿的社交能力，始终鼓励幼儿与同伴的合作，等等。但仅仅依靠体育活动是远远不够的，还应该在其他日常的教育活动中坚持培育幼儿的心理品质，使幼儿的心理品质得到健康的发展。

（5）随着大班活动的深入，应该适当提高难度，使活动具有挑战性，这样幼儿才会对体育活动始终保持新鲜感和浓厚的兴趣。在体育活动中，老师应该仔细观察、及时帮助，尽量照顾到每位幼儿。

（6）在阳光体育活动实施中，我们应该多关注幼儿多元的表现，关注幼儿全面发展的状况。在户外游戏的活动中，每个领域的教育作用和不同活动间的教育作用要相互渗透，老师应该从不同的角度观察，运用多种方法来发挥体育课程对幼儿的好处。通过活动的整体效果，幼儿的运动技能、观察能力、认知能力、情感体验均得到发展。

（7）为了更有利于开展体育活动，应丰富教具，因地制宜，最大限度地把空间留给幼儿。老师应引导幼儿大胆尝试，鼓励其个性发展。

有趣的体育游戏

> **申请人简介**：我叫刘美君，是北京经贸职业学院国际经济贸易系 2019 届学前教育专业的一名学生。我来自北京市通州区，有许多兴趣爱好，如花样跳绳、打羽毛球、旅游等。我参加过许多志愿活动，如垃圾分类桶前值守行动、迎五四团员志愿服务活动、温暖冬衣献爱心捐衣志愿服务活动，等等。
> **所在单位**：北京经贸职业学院国际经济贸易系学前教育专业二班
> **适用班级**：幼儿园大班

一、活动设计意图

学校教育要贯彻"一切为了学生，健康第一"的可持续发展理念，切实加强体育工作，让学生都能感受到运动的快乐，丰富校园生活，促进学生身心健康和谐发展。开展幼儿体育活动应将保护幼儿的生命和促进幼儿的健康成长放在首位，锻炼幼儿体质，推动"阳光体育运动"研究，落实"阳光体育运动"在幼儿班大班的开展。开展幼儿体育活动必须把着眼点放在促进幼儿身心各方面的和谐发展和素质的全面提高上，从观察、研究幼儿入手，了解每个幼儿的发展需要，根据每个幼儿发展的不同特点，因人施教，促进每个幼儿在不同水平上得到充分的发展。根据幼儿的发展需要，计划、组织幼儿体育活动，为幼儿提供良好的教育环境，激发、引导幼儿主动与环境互动。

二、活动目标

（1）培养幼儿对运动的兴趣，增强幼儿运动的积极性。
（2）帮助幼儿积累运动经验，增强幼儿的体质，培养幼儿的综合运动能力。

三、活动准备

本次活动共分为四个课时，每课时需要准备的材料均不相同，将在各课时中分别介绍。

四、活动内容

本次活动分四课时进行。

(一) 课时一：鲨鱼来啦（适用于大班）

1. 设计意图

本班幼儿对"贴人、冰棍、大鱼追小鱼"等传统游戏特别感兴趣，幼儿间相互追逐或者躲闪其他幼儿，他们乐此不疲，并且在分散游戏时经常自发地玩起这类游戏。本学期的大班幼儿即将入学，他们入学后需要独立地进行追逐游戏，但是在过障碍物方面还不够成熟，总是撞到障碍物或者是被障碍物绊倒。幼儿与他人玩追逐、躲闪跑的游戏能培养自身动作的协调性、灵敏性。

因此，结合幼儿的实际需求和实际动作发展现状，我们以幼儿感兴趣的"鲨鱼来啦"为主题，引导幼儿奔跑时要看清是否有障碍物，帮助他们找到追逐躲闪跑的策略，增强他们躲闪、快速反应能力，培养他们有目的的观察意识与能力，这对幼儿在步入小学后课间灵敏躲闪、安全游戏有着重要的作用。

体育游戏"鲨鱼来啦"游戏过程是以练习追逐跑和提高躲闪能力为主要目标，从鲨鱼数量的变化，到奔跑范围的逐渐缩小，再到障碍物的投放，由易到难、循序渐进，整个活动设计以游戏为基本形式，尊重幼儿的学习方式和学习特点，通过"小鱼小鱼海里游"游戏，引导幼儿直接感知和亲身体验绕过障碍物的方法。

注重幼儿的自主探究学习。在整个四散追逐跑活动中，老师充分发挥大班幼儿的特点，首先通过"鲨鱼来啦"的游戏，让幼儿初步体验四散追逐跑中不和其他"小鱼"碰到一起；然后过渡到"转移鱼宝宝"游戏，感受四散追逐跑的方法，尝试躲避鲨鱼。幼儿通过自主合作和探讨，不仅学习的积极性和主动性被充分地调动起来，获得了积极愉快的情绪体验，而且发展了下肢的运动能力和躲闪能力。

2. 活动目标

(1) 在四散追逐跑中，发展身体的灵敏性及奔跑能力。
(2) 在游戏中，知道一些躲闪的方法。
(3) 体验游戏活动带来的乐趣。

3. 活动准备

(1) 物质准备：粘着海绵球的彩色背心、锥桶、拱形门和音乐。

(2) 经验准备：幼儿玩过躲闪跑的游戏。

4. 活动过程

(1) 引入环节。

"小朋友们大家早上好，今天我们来玩一个跟海洋动物有关的游戏，大家都知道哪些海洋里的小动物呢？对，有水母，有海豚，有海马，有螃蟹，还有鲸鱼，对了还有鲨鱼，我们今天就玩一个跟鲨鱼有关的小游戏，好不好？小朋友们，你们知道鲨鱼是怎么在大海里行动的吗？对啦，是游游游，那小朋友们谁来给大家模仿一个鲨鱼游游游呢？好的，小朋友们表演得都很棒，现在我们就一起来做游戏吧。"

(2) 活动环节。

①鲨鱼来啦——小鱼小鱼海里游。

游戏规则：幼儿模仿小鱼游，跟随教师穿过礁石区、海草区……

老师："小鱼们，海底世界太神奇啦，我们一起畅游海底世界吧！玩去喽！注意躲过礁石、绕过海草……"（2~3圈，第一圈慢，后面越来越快）

②鲨鱼来啦（1条鲨鱼、大片海域）。

游戏规则：幼儿穿过危险区到达安全海域，听到老师说：鲨鱼来啦！之后，躲过礁石，不要被鲨鱼抓到。

老师："这片海域，经常有鲨鱼出没，我们要游到对面的安全海域，准备好了吗？不要撞到旁边的小鱼和随时会出现的鲨鱼！"

③鲨鱼来啦——转移鱼宝宝（3条鲨鱼、海域缩小）。

游戏规则：背起鱼宝宝，音乐响，游戏开始，鲨鱼抓住鱼宝宝放回自己的家里，小鱼想办法躲过鲨鱼，背着鱼宝宝到达安全海域。

老师："那边还有一些鱼宝宝，我们帮着鱼妈妈把他们送回来好不好，趁着现在鲨鱼没有来，我们赶快游回去，救回鱼宝宝，注意不要让鲨鱼抢走鱼宝宝。"

④鲨鱼来啦——拯救鱼宝宝。

老师："碰到鲨鱼我们要怎样躲过它？我们要怎样躲过海面上的礁石呢？"

游戏规则：幼儿绕过障碍，将鱼宝宝救回来，注意躲避鲨鱼的追捕。

老师："虽然大部分鱼宝宝被我们转移到了安全的地方，但是还有几条鱼宝宝被抢走了，我们游回大海，去鲨鱼家里把他们救回来吧！准备好了吗？"

(3) 结束环节。

小鱼们不仅自己到达了安全的地方，鱼宝宝在你们的帮助下也全部安全啦！真是太令人开心了！你们很勇敢，能很迅速地躲开凶狠的鲨鱼，也能保护好自己。为你们鼓掌！

5. 活动延伸

（1）老师可根据幼儿掌握情况，增减鲨鱼的数量和海域的大小。

（2）幼儿回家后和爸爸妈妈一起做游戏，加大难度，可设置障碍进行游戏。

6. 活动反思

幼儿们很喜欢"鲨鱼来啦"的游戏，能积极踊跃地参加到活动中来，在游戏过程中能发展身体的灵敏性及奔跑能力，知道一些躲闪的方法，体验游戏活动带来的乐趣。

（二）课时二：穿越封锁线（适用于大班）

1. 设计意图

鼓励幼儿进行跑跳、钻爬、攀登、投掷等活动，发展动作的灵活性与协调性。大班幼儿对以上基本动作并不陌生，在晨间锻炼或者平时的游戏中会使用单一的动作过障碍物。缺少了对其他动作的综合探索，所以本活动利用幼儿喜欢的解放军形象鼓励幼儿综合运用多种动作，并根据大班幼儿的求胜心理创设"取回炸弹"环节，引导幼儿不断练习，从而发展幼儿协调灵敏的身体素质。"穿越封锁线"是一节惊险刺激，需要幼儿勇敢、机智、灵活地参与的体育活动。幼儿在活动中不断接受身体动作的挑战，不断改变自身动作的灵活性来完成任务。活动情境激发幼儿参与体育活动的兴趣。小解放军的身份，让幼儿在自我意识中有了积极、勇敢、进取的认知，对角色的认知激发了幼儿对活动的积极性、主动性以及创造性。通过场景的不断变化，幼儿对动作练习一直保持着兴趣，并不断地提高自身的动作水平，环节设计的层次性让幼儿不断地挑战自我。及时关注幼儿的动作发展需要，适时调整环境，变化难度，鼓励幼儿迎接挑战，增强自信，体现出老师是幼儿活动的组织者、合作者、参与者。

2. 活动目标

（1）让幼儿用跨跳、侧面钻等方法躲避障碍物，发展协调灵敏的身体素质。

（2）使幼儿能够坚持不懈，遇到困难大胆挑战。

3. 活动准备

5米长绳子共5根，沙包2筐，大呼啦圈1个，音乐。

4. 活动过程

情景引入： 在上次的游戏中，敌人被我们赶跑了，但是他们运走了我们的一箱物资，在回去的路上敌人也受了重伤，只能一只脚走路了，我们要不要把属于我们的物资拿回来！

(1) 介绍玩法：10 名战士伪装成敌人，两人拉好 1 根封锁线，听哨声变化高度。

老师："需要 10 名战士，两人拉好 1 根封锁线，蹲下去，听李老师给你们的哨声，吹一下，举高一点；连续吹两下，把绳子放低。要给他们制造一条会动的封锁线。"

(2) 士兵用自己的方法穿越封锁线，避开敌人，取回炸弹。

老师："我们过封锁线的小士兵，音乐响了，要一个跟着一个过封锁线，在敌人的基地里取回一个属于我们的物资，跑回来后，放在后面的库里，注意不要被头目抓住。"

(3) 音乐响，开始游戏。

(4) 游戏总结与提升。

老师："小朋友们是怎么过封锁线的？看到基地的敌人是怎么躲过他的？"

(5) 加大难度再次游戏：敌人投掷炸弹，士兵灵活躲避。

老师："敌人一个士兵都没有抓到，物资还被咱们运走了一大半，敌人特别生气，他们也准备了许多炸弹，准备轰炸小士兵，你们往回运物资的时候千万不要被炸弹打中呀！"

(6) 音乐响，开始游戏。

(7) 交换角色继续游戏。

老师："扮演敌人的小朋友把绳子放在地上找老师集合，你们是怎么躲过敌人的炸弹的？这一次我们交换一下，你们来操作封锁线，他们来运物资。通过我们的齐心协力，物资终于拿回来了！你们特别勇敢，遇到困难，不害怕，想办法战胜它，我们回营地去喽！"

活动结束。

5. *活动延伸*

幼儿回家可继续和爸爸妈妈还有小伙伴们玩穿越封锁线的游戏。

6. *活动反思*

让幼儿们发展协调灵敏的身体素质，通过练习和老师的指导让幼儿们的身体更加灵活。

（三）课时三：齐心协力（适用于大班）

1. *设计意图*

以律动的方式来引导幼儿参与运动，并活动全身大肌肉，达到肌肉均衡发展的目的。由团体活动来让幼儿认识到遵守游戏规则的重要性及了解互助合作的意义。以游戏的方式来启发幼儿的想象空间、激发脑部的发育。

2. 活动目标

(1) 培养幼儿对足球课的兴趣，掌握幼儿基本情况。

(2) 观察幼儿的个人身体素质水平，发现其差异性。

(3) 在游戏中多鼓励，多表扬，多击掌，调动幼儿的积极性。

3. 活动准备

号码、标志碟、足球、标志物。

4. 活动过程

(1) 慢跑热身三圈——慢跑过程中进行简单的颈、腰、膝（屈伸）、四肢的热身。

(2) 热身游戏——摸膝盖。

在区域内，每个幼儿防止被对方摸到膝盖的同时，要想办法摸到对方的膝盖，每摸到一次队友的膝盖就加一分，不可连续摸同一队友的膝盖。规定时间之内看谁得分最多。注意：只能触碰对方的膝盖，不可捂住自己的膝盖原地不动，鼓励幼儿积极得分。

(3) 介绍号码衣。

每个幼儿一件号码衣，抛向空中开始击掌，看准号码衣在空中时击掌的个数最多或号码衣抛向空中后身体旋转360度能接住号码衣。活动完将号码衣穿在身上。注意：可根据接下来练习内容的分组分配号码衣颜色。

(4) 打招呼。

每个幼儿1颗球，幼儿之间相距2米，教练员在每个幼儿身旁放一个标志碟，并叮嘱自己"家"的位置。幼儿手持球，找到不同的小伙伴打招呼，说"你好，我是××（小名）"，然后回到自己的家中，再返回继续打招呼。第二轮所有幼儿用脚运球外出打招呼。

(5) 齐心协力。

所有幼儿按照号码衣颜色分组，分成3~4组，每组人数几乎相等，分别站在教练摆的4个标志物后方。每组1颗球，所有幼儿拉手围圈，球在圈中间。开始比赛，每组以围圈的形式一起运球到达对面的标志物然后绕标志物回来，最先达到起点的队伍获胜。两轮以后可增加每组运球的数量。注意：运球过程需众人全程手拉手，不可用手触球，球须一直保持在圈内。

5. 活动延伸

幼儿可以回家和爸爸妈妈一起做游戏。

6. 活动反思

幼儿在活动中，走得很认真，玩得很开心。游戏提高了幼儿对足球的兴趣，使幼儿体会到了合作运动的愉悦，也增进了他们之间的感情。

（四）课时四：捉老鼠（适用于大班）

1. 设计意图

提升幼儿动作的灵敏性和手眼协调能力，通过练习，使幼儿掌握用锥形桶控制海洋球的方法。

2. 活动目标

（1）幼儿乐于参与游戏，体验游戏的乐趣和成功的喜悦。

（2）提升幼儿动作的灵敏性和手眼协调能力。

（3）通过练习，掌握用锥形桶控制海洋球的方法。

3. 活动准备

音乐，锥形桶每人一个，海洋球每人一个，篮筐。

4. 活动过程

（1）进场热身，激发兴趣。

①带领幼儿进场做走跑练习。

老师："小朋友们，和方老师一起去玩吧。"

幼儿听音乐跟着老师自然走、摆臂走、抬腿走、屈膝走、起踵走。

②全体幼儿分为两个大组玩游戏，进行专项准备活动。

老师："注意躲避，速度要快。"

两组幼儿面对面进行游戏，以交叉跑的方式到达对面。快速通过并且注意躲避锥形桶和其他幼儿。

第二轮要求幼儿跑过时蹲下触摸锥形桶顶部。

游戏结束后让每个幼儿选择一个自己喜欢的锥形桶站好，幼儿拿起锥形桶，并拿起藏在锥形桶下的海洋球。

（2）在游戏中发展能力，体验乐趣。

老师："小朋友看一看你手中的锥形桶是什么颜色的?"

①练习自抛自接海洋球。

老师："请小朋友先看方老师怎么玩的，然后请你跟着我的口哨声来玩一玩。"

老师讲解示范玩法，带领幼儿玩耍一到两轮后观察指导。

幼儿将海洋球上抛，将锥形桶倒置，用锥形桶下方接住海洋球。

②练习用锥形桶"赶"海洋球走。

老师:"现在我们带着海洋球去散步吧。"

老师讲解示范玩法。

幼儿用锥形桶轻轻拍打海洋球,控制海洋球慢慢前进。

增加难度:用锥形桶尖的一方控制海洋球前进。

(3)迁移抛接球的经验,初步尝试用锥形桶套住移动中的海洋球。

老师:"今天的本领你们都学会了,下面我们来玩一个捉老鼠的游戏。"

幼儿尝试,老师重点关注成功的幼儿。请幼儿示范,师生共同总结玩法。

老师:"你刚刚成功捉到老鼠了吗?你是怎么捉到的?"

"要完成捉老鼠的游戏,要快速地移动到海洋球面前,迅速用手中的锥形桶扣住海洋球。"

"下面请跟着我的口哨声一起玩一玩吧。"

(4)在讨论的基础上,幼儿再次游戏,体验成功的喜悦。

老师:"你们敢来比一比吗?现在请你放出自己的老鼠后去捉别人的老鼠。"(老师提醒幼儿注意躲避)

(5)竞赛游戏:捉老鼠。

将幼儿分为两路纵队,由老师滚出两个海洋球,两名排头幼儿同时去捉老鼠,捉到后返回将海洋球放入篮筐。

5. 活动延伸

回家和爸爸妈妈小伙伴们一起做游戏。

6. 活动反思

体育活动与其他教育活动一样,是多种形式并存、共同发挥作用的教育过程。要大胆实践,探索多样化、有特色的体育活动组织形式,进一步激发幼儿参与活动的积极性,促进幼儿身心全面和谐发展。以"我运动、我锻炼、我快乐"为宗旨,认真贯彻落实区教体局倡导的全区幼儿园深入开展阳光体育活动,提高认识,加强领导,强化各班体育活动领域和管理。组织全园幼儿积极开展体育锻炼和体育运动,依据各班年龄段开展幼儿喜欢的丰富多彩的户外体育活动,培养幼儿之间良好的互动、互帮、互助学习与协助精神。挖掘每个幼儿的运动特长,让幼儿对体育活动产生浓厚的兴趣,形成爱运动的好习惯。

趣味定向

> **申请人简介**：我叫李黎晨，女，毕业于首都师范大学学前教育专业，青年教师。我善于观察幼儿，勤于阅读思考，能把自己大学期间的理论知识与实践有机结合起来，创设出适合幼儿年龄特点和发展需要的趣味游戏活动。
> **所在单位**：北京市东华门幼儿园
> **适用班级**：幼儿园大班

一、活动设计意图

（一）满足户外游戏需要

趣味定向活动有趣且形式新奇，满足了幼儿的户外游戏需要。

幼儿园体育教育活动的形式比较固定，我认为应该增加一些其他的运动形式，既能帮助幼儿提高身体素质，又能使幼儿感受到运动的快乐，能积极主动参加体育活动，形成爱运动的健康生活方式。而趣味定向活动是一种3岁以上的人均可参与的很普遍的且非常有意思的体育运动方式，因此，我也想把这种有趣的游戏方式带到幼儿园的体育活动中。

（二）融合多领域发展

趣味定向活动融合了多领域的发展，富有价值。

1. 健康领域

趣味定向活动作为体育活动的一种方式，必然能够促进幼儿健康的发展。

2. 社会领域

趣味定向活动体现的是团队的合作能力，而基于大班幼儿的年龄特点和合作学习的方式，这个项目很适合。

3. 科学领域

趣味定向活动是一种鼓励幼儿自主探究路线，遇到困难能自主探究解决问题方法的游戏，有助于幼儿探究精神的培养。

4. 语言领域

各个任务点都有相应的规则，幼儿对于规则的倾听和理解，以及小组内相互讨论任务路线及内容的时候，都在促进幼儿语言领域的发展。

综上，我觉得开展此次趣味定向活动，能够将教育活动的目标渗透在游戏中，而且能自然而然地促进幼儿自主学习，有助于幼儿之间的相互学习，使不同水平的幼儿都能在原有基础上获得运动能力的提升并感受到成功的体验。趣味定向活动体现了多领域之间的融合，有助于幼儿综合能力的培养。基于以上因素，我设计了此次趣味定向活动。

二、活动目标

（1）提升幼儿的跑、双脚跳和投掷能力。
（2）让幼儿能够通过小组讨论、主动探索等方式来创造材料的玩法。
（3）让幼儿喜欢上参加体育运动，体验合作游戏的快乐。

活动重点：提升跑、双脚跳和投掷能力。
活动难点：幼儿之间相互抛接球、连续跳绳20次。

三、活动准备

（1）物质准备：4张地图；红、黄、蓝、绿四种颜色的彩绳各6条；4个球；2条跳绳；2个沙包；红线、蓝线各1条（长5米）；8张卡片（写上从1到8八个数字）；小贴纸若干。

（2）经验准备：有看地图的经验；认识数字1到8；能从1数到20。

四、活动内容

（一）活动开始

通过谈话直接引出主题

引导语：今天，我们要玩一个特别有意思的游戏。在玩这个游戏之前，我们要进行热身运动。现在我请一位小朋友带着大家一起做准备活动。做得认真的小朋友，一会儿可以先来选择。

注意事项：提示幼儿热身活动顺序，依次是头部、肩部、扩胸、体侧体转、腰部、膝关节、压腿、手腕脚腕。热身活动各做4个八拍，引导幼儿把动作做到位，提醒幼儿在游戏中注意安全，保护好自己。

(二) 活动过程

1. 分组并介绍游戏规则

引导语：刚才小朋友们都做得很认真！现在我走到谁的面前，谁就从我的袋子里随便拿一根彩绳，你抽到什么颜色，就是什么组的。

今天我们玩的游戏叫"趣味定向"。我们刚才通过彩绳分成了红、黄、蓝、绿4个组。接下来每个组都会有一张地图，请你们按照地图上的标志来寻找任务点并且进行今天的游戏。你们可以在小组内讨论先去哪个任务点。每完成一个任务后，老师会给你们一张小贴纸，集齐所有小贴纸的小组就可以拿着你们的地图来找我啦！我说明白了吗？你们还有什么问题吗？

请你们找到自己的组并且系上彩绳，每组派一名小朋友来领取你们的地图。

2. 在游戏中指导幼儿并关注幼儿的安全

(1) 老师强化规则，强调安全问题。

引导语：请你们一起来看一看，我们今天的趣味定向有几个小任务点？

对！有4个。我们今天的活动是要以小组为单位进行，所以同一个小组内的小朋友们要相互照顾、相互帮助！一起完成任务！在今天的活动中，大家一定要注意安全！好，现在活动开始啦！

(2) 老师明确分工，提醒幼儿游戏规则。

注意事项：此次活动有4个任务点，每个任务点均有一名老师，告诉幼儿该任务点的任务，并关注幼儿是否完成了任务，如果完成了给予相应的小贴纸。

3. 活动任务点

任务点一：翻翻乐

游戏规则：幼儿站在起点处，在7米外的终点处放了倒扣过来的8张卡片。幼儿依次跑向终点翻开卡片，但是需要按照数字的顺序翻开，如果没有按照顺序，那么该卡片需要被扣着放回。一次只能翻1张卡片。翻完后，跑到起点和下一位幼儿击掌后排到队尾。按数字顺序翻完8张卡片，方可成功过关。

注意事项：在这个过程中，老师主要引导幼儿理解并遵守游戏规则，监督幼儿是否按照规则执行，帮助幼儿认识1至8的数字顺序。图1为游戏示意。

图 1　游戏示意

引导语：首先，老师先说明规则。你们需要从起点跑到终点再翻卡片，一次只能翻1张卡片！但是必须要按照数字的顺序。如果第一个小朋友翻到的是1，那你们说第二个小朋友该翻几？

对！特别棒！第二个小朋友该翻2。那如果翻的不是2，第二个小朋友就需要把卡片扣过去。第三个小朋友继续翻2，直到把2翻出来，才能往下翻数字。

翻完数字的小朋友需要跑回去，和下一个小朋友击掌，然后去队尾排队等待。击掌后，下一个小朋友才能出发！等你们把8张卡片都按顺序翻出来后，这一关就结束了！明白游戏规则了吗？好，那我们现在可以开始玩游戏了。

任务点二：你抛我接

动作要领：抛球幼儿双脚前后站立，左腿微微屈膝，右手持包举过头顶，身体后倾，将沙包向斜前方抛起，扔沙包的过程中身体前倾。接球幼儿双脚分开站立，看准沙包的方向，双手或双臂抱住沙包。

游戏规则：两人面对面距离5米，相互连续抛、接沙包10次，方可挑战成功。可分成2个小组进行。

注意事项：老师在活动开始前需要示范一下抛沙包和接沙包的动作要领并且可找一名幼儿和老师一起进行示范。待其他幼儿明白规则后，老师组织幼儿进行该项游戏。在游戏过程中，老师主要提醒幼儿注意距离，要关注个别幼儿。如果有些抛接能力较弱的幼儿，即使没有连续抛接10次，也算成功。注意要帮助不同发展水平的幼儿都在自己原有基础上获得成功的体验。

引导语：小朋友们还记得我们之前玩过的抛接球吗？

我们在抛接球的时候需要注意什么？

对。要双脚分开，左腿微微屈膝，右手拿着沙包举过头顶，身体前倾，扔出沙包。接球的时候可以用手和手臂抱住沙包。

那我请一位小朋友来和我一起示范一下！我先抛球，他先接球。然后他再抛球，我接球。请你们看一看我们的动作是不是标准的。

我们的动作是不是很标准呀？那我们这一关的任务啊，就是抛接球10个！抛球并且接到球才能算一次。

你们需要自己数着接到了多少次，数到10的时候，就可以停止了。等你们组都停止了，我就可以给你们小贴纸了。

我把规则说明白了吗？好，那请你们找一个小伙伴，两个小朋友们一组，一个站在红线上，一个站在蓝线上，游戏开始啦！

任务点三：接力跳绳

动作要领：双手握绳的两端，双臂自然弯曲，将绳子放在身体后，将绳子向上、向前抡起，绳子接近地面的瞬间，双脚跳起，连续进行。

游戏规则：每个人跳绳20次，即算完成任务。分为两组进行。

注意事项：老师只需要讲清楚规则，不需要进行示范。在这个过程中，老师主要促进幼儿之间相互帮助。组内相互数数，如果实在有跳绳困难的幼儿，可以降低难度，让幼儿慢慢跳，也可以鼓励组内其他幼儿帮他一起跳够20次。引导幼儿在小组内相互相助，共同解决问题。在此过程中，老师也要关注幼儿跳绳的动作要领，予以指导和帮助。

引导语：你们还记得跳绳怎么跳吗？

在这一任务点中，每个小朋友跳绳20次就可以完成任务了。但是，有小朋友跳绳的时候，你们需要互相数数，数到20就可以停止了。然后你们之间交换跳绳，继续计数。等你们都完成了20次跳绳，老师就会给你们小贴纸！

你们是一个小组，如果有的小朋友不擅长跳绳，你们可以怎么办？

对！可以鼓励他！也可以相互帮助！可以帮他一起跳绳。你们准备好了吗？游戏开始！

任务点四：合力运球

游戏规则：起点和终点相距10米，两名幼儿一起在不用手的情况下，把球运到终点处。可分两组进行，但是每组需要用不同的方法。

注意事项：在这个过程中，老师不需要示范。老师主要引导幼儿开动脑筋，集思广益，探索运球的多种办法，鼓励幼儿自主解决问题，探索活动方式，鼓励方法的多样性。同一组在运球的过程中不可使用相同的方法。（红组的第一小组可以用肚子顶着球走，第二小组可以背对背夹着球走，第三小组可以用胳膊抬着球走……）

引导语：我们这个游戏需要小朋友们开动小脑筋，两个小朋友一起想办法把球从起点运到终点。但是，你们不能用手。等你们都运完球了，你们就完成了这一任务点！

现在你们可以想想有什么办法，每个小组要想三种不一样的办法！想好了，你们可以试一试，等你们准备好了再告诉老师，然后就可以开始玩游戏了！

（三）活动结束

1. 总结游戏经验

引导语：我发现在做活动的时候，绿组的小朋友们特别团结，蓝组的小朋友们想法特别奇妙，黄组的小朋友们相互帮助，不放弃！每个小朋友在游戏中都特别努力和认真，我要表扬所有的小朋友们！今天我要格外表扬红组！他们最先完成了任务，那请红组来分享一下他们的经验。（你们为什么会这么快？你们都遇到什么困难了？你们是怎么解决的？）

红组说遇到困难时，一起商量解决。然后，完成一项任务跑着去另一项任务点，这样节约时间！还看哪个任务点没人就先去哪个任务点！真是不错的方法呀！下一次小朋友们可以试一试他们的方法。

2. 放松活动

引导语：今天，小朋友们都很辛苦，那我们现在再来玩一个"请你向我这样做"的游戏，来一起放松放松我们的小肌肉吧！（拍拍胳膊、拍拍腿、摸摸脚尖、捶捶腿、踮踮脚尖、捏捏肩、捶捶背）

最后，让幼儿和老师一起把玩具送回家。

五、活动延伸

组织幼儿自由讨论自己喜欢什么游戏。可以用多种方式记录下来加入下一次游戏中。

六、活动反思

（一）活动形式

定向活动能够充分利用幼儿园各处环境，避免同一运动带来的单调性和乏味性。再者，定向活动在一定程度上也可以减少幼儿的消极等待时间。

通过幼儿和幼儿园整体环境的互动，也能够激发幼儿参与活动的兴趣，探寻活动的愿望，促进幼儿多种能力的发展，满足幼儿户外体育活动的需要。

（二）教育目标

该教育活动目标设定为巩固提升幼儿的跑、双脚跳和投掷能力。虽然没有具体的要求，但是游戏中的各个任务点的人物设定是依据《3~6岁儿童学习与发展指南》（以下简称《指南》）中幼儿园大班幼儿健康领域的动作发展的要求而设定的。《指南》中要求，大班幼儿要具有一定的平衡能力，保持动作协调、灵敏。而活动中的折返跑、连续跳绳以及不用双手的运球都能够促进幼儿完成此目标。《指南》中也要求幼儿具有一定的力量，而投掷沙包，也是此目标的体现之一。

因此，该活动紧扣幼儿发展的大目标，也与大班幼儿的实际水平相结合，鼓励不同水平的幼儿都能够有所发展和进步，从而满足幼儿健康成长的需要。

（三）活动中的优势

1. 保证充足的运动量

首先，幼儿在奔跑中寻找各个任务点，锻炼了幼儿跑的能力。其次，定向活动中的跑步遵循着少量多次的原则，老师也不用担心幼儿跑步强度过大。最后，幼儿可以根据自身情况选择先进行游戏还是休息后再参与游戏，游戏的密度可以根据实际情况来调控。

2. 各个领域之间的融合

在此次活动的过程中，幼儿的社会性得到了发展。

每组都是异质的小组。每个小组自主讨论路线，组内成员相互帮助、相互合作完成小任务，在玩游戏的过程中培养幼儿解决问题的意识。通过同伴之间的交流、动脑动手，幼儿也体验到了主动学习、合作学习的快乐。

在此次活动中，幼儿在科学（数学）方面也有一定的提升。

首先，地图的发放有助于幼儿空间概念的形成。其次，通过限制个数，锻炼了幼儿的点数能力。最后，在翻卡片的环节中，巩固了幼儿对数字的认知和对数字排列顺序的认识。

3. 幼儿兴趣度很高

幼儿沉浸在游戏中，在游戏中巩固和提高各项技能，玩得不亦乐乎。

（四）活动中的不足

（1）在活动开始的时候，老师可以把分组用的彩绳换成彩色的手绳，幼儿可以直接套在手上，避免系彩绳的环节。

（2）对于规则比较难懂的游戏，应该让幼儿在活动前期积累游戏经验，避免让老师重复介绍游戏规则。

（3）从教案设计方面来说，此次活动的任务点都设置在操场上，几次游戏之后，可以将任务点设置在幼儿园的其他地方，但是要特别注意幼儿的安全。

（4）可以将地图做得更简单一些，为幼儿提供两种地图，一种是彩色建筑地图，一种是黑白地图，帮助幼儿获得感知空间的体验。

（5）为了丰富游戏的情节，老师也可以创设相应的情景，增加幼儿的挑战兴趣。

操场保卫战

申请人简介：孙启超，男，音乐特长生，2016 年毕业于首都师范大学学前教育专业（本科），同年就职于北京市东华门幼儿园。工作第四年，担任体育专职老师，经验丰富，设计创新的体育游戏活动深受幼儿喜爱。曾获得园新苗奖、师德标兵、优秀教师等称号，并赴湖北郧阳区支教。曾参演北京人民艺术剧院举办的第五届"致敬与传承"话剧《雷雨》；儿童剧院举办的儿童话剧展演《老鼠嫁女》，并受到好评。撰写的论文《幼儿园音乐教育策略研究》获北京市中小学第十二届"京美杯"征文一等奖，《幼儿园音乐教育游戏化现状研究》获北京市首届"教师专业能力"教育教学研究成果一等奖。

所在单位：北京市东华门幼儿园

适用班级：幼儿园大班

一、活动设计意图

（一）从《3~6 岁儿童学习与发展指南》出发，促进幼儿身心健康发展

《3~6 岁儿童学习与发展指南》（以下简称《指南》）中 5~6 岁幼儿的发展指标指出："5~6 岁幼儿的节奏感以及对节奏感的掌控能力大为增强，能够控制球的速度与距离，能够连续拍球，并控制其节奏。"幼儿园大班幼儿的动作发展水平已进入飞速发展的阶段，篮球运动有利于幼儿身体协调性和灵活性的发展，并且能够有效激发幼儿运动热情，提升幼儿身心健康水平，帮助幼儿养成良好的运动习惯和意志品质。篮球运动是集体运动项目，需要幼儿互动协作。本次活动从大班幼儿的年龄特点以及动作发展水平出发，是幼儿户外活动的首选。篮球运动在锻炼幼儿控制身体能力和协调性的同时，还能培养幼儿勇于挑战困难的品质。

(二) 以活动环节为依托，促进幼儿多种能力协同发展

1. 入场环节

在入场环节中，幼儿分为两组按照路线跑步入场，并依次与老师击掌。在击掌的过程中，老师会依照循环次数抬高、降低手掌位置，以此方式进行入场热身，能够锻炼幼儿的身体协调能力、手眼配合能力以及增加活动的趣味性。对于大班幼儿来说，听口令已经是他们熟练掌握的技能，老师以哨声替代口令，利用幼儿的已有经验，进行队列练习。在这一过程中，幼儿注意力要高度集中，在辨别哨声的同时还要迅速做出相应的正确动作。队列练习以方阵集合、分散的方式进行，通过将不同位置的幼儿作为方阵中心的方式来锻炼幼儿的多项能力，如横、竖排面看齐，后退踏步走等能力。

2. 游戏环节

本次活动以"打鼹鼠"的故事为游戏主题来展开，故事具有一定的趣味性、逻辑性，各环节间衔接自然、连贯。运用游戏化的形式增强活动的趣味性，激发幼儿对于篮球运动的兴趣，使幼儿发挥自主能动性，让幼儿在轻松、愉快的氛围中练习拍球、运球，掌握拍球、运球的技能技巧。游戏难度由简入难，三个游戏除了在活动难度上逐级提升，在每个游戏中也有不同难度的目标，幼儿可以根据自身能力进行尝试与挑战。在活动的最后，以运球绕障碍物比赛的形式提升本次活动。大班幼儿具有一定竞赛意识，一定的好胜心往往会激发幼儿的潜能，集体荣誉感也会让幼儿热血沸腾，这些因素都会促进幼儿的动作发展，将前三个游戏所获得的经验进行梳理与整合。同时也便于老师观察、发现幼儿的收获与不足，为下次活动的开展做好铺垫。

3. 放松环节

在放松环节，将篮球作为放松的器械，对前面的小伙伴进行放松与按摩，在放松的同时享受小伙伴给予的关爱。这种新奇的放松方式也会让幼儿心情愉快，身心得到真正的放松。

(三) 以多种形式开展活动，促进幼儿学习方式多样化

在本次活动中，幼儿人手一球，每人一点，每个幼儿间距1.5米左右，游戏空间充足，这既便于幼儿在游戏中自由练习、探索，又便于老师进行观察与指导。故事情节的设定激发了幼儿保卫自己心爱的操场的决心，使幼儿更加投入练习。在比赛环节中，幼儿不仅可以看到其他小伙伴的表现，观察学习，还可以为自己的小伙伴鼓气加油，既增强了参赛幼儿的自信心，又培养了幼儿的团队合作意识。

二、活动目标

(1) 让幼儿了解游戏规则的重要性，理解并遵守游戏规则。
(2) 让幼儿在游戏中学习并掌握正确的拍球方法，体验拍球的乐趣。
(3) 让幼儿有小勇士的精神，敢于挑战高难度游戏。

活动重点：学习并掌握正确的拍球方法。
活动难点：掌握控制球的方法。

三、活动准备

(1) 物质准备：篮球、标杆、信卡、篮球架、锥桶。
(2) 经验准备：与小伙伴玩过拍球、滚球、抛接球的游戏。

四、活动内容

（一）活动开始

1. 入场练习

幼儿以"小飞机"航行的方式入场，并在跑步过程中与老师击掌，循环 3~5 次后，幼儿听老师口令呈体操队形站好。

2. 队列练习

幼儿每人一点，听到哨声后进行并队走、分队走、点集合、点分散练习，呈纵队跑步行进依次取球。

3. 热身活动

篮球热身操。

(1) 头部运动：幼儿的头部随老师手持篮球的位置进行摆动。
(2) 肩部运动：幼儿双手持球，拍球，双臂舒展画圆，接球。
(3) 体转运动：幼儿双手持球，双脚开立与肩同宽，进行体转。体转过程中目光直视篮球，保证双臂下垂。
(4) 体侧运动：幼儿双手持球，双臂伸直位于头顶，进行体侧运动。
(5) 腹背运动：幼儿双手持球，双臂并拢并伸直，弯腰将球绕双脚一周然后起立。

（6）跳跃运动：幼儿用力拍球，跳跃接球。听到数字"3"时，用力向上跳跃。

（7）拉伸运动：幼儿双手持球，双脚开立与肩同宽，双手上举，弯腰依次用篮球碰触双脚。

（8）放松活动：幼儿双手持球转球，同时活动脚腕。

（9）热身游戏：当幼儿听到数字"3"时迅速原地跳跃，听到"1""2"时原地不动。

（二）活动过程

1. 通过谈话直接引出主题

引导语：我听说有一群鼹鼠要占领咱们的操场，咱们得想办法把它们赶走，你们有没有信心保护好咱们的操场？

2. 游戏：鼹鼠的挑战

引导语：

送信员："老师！不好啦！鼹鼠发来战书啦！"

老师："鼹鼠发起进攻啦，咱们需要连续打击他们三下才能赶跑他们，保护我们的操场，请你们仔细看看老师是怎么做的。"

活动示范：老师双脚开立与肩同宽，身体微微前倾，手掌微弓，五指分开，听到哨声后，将球准确击打到黄点上三次，收球。

游戏规则：幼儿站在黄点后，教师吹哨示意鼹鼠出现，幼儿连续拍三下球（击打黄点）。

指导重点：双脚开立与肩同宽，身体微微向前倾，手掌微弓，五指分开，小臂带动手腕发力，用指尖拍球。

发力适中，能够连续拍球。手眼协调，能够将球准确地击打到黄点上三次。

活动小结：请幼儿分享连续拍球的好方法。

3. 游戏：操场保卫战

引导语：

送信员："老师！不好啦！鼹鼠又送来战书啦！"

老师："鼹鼠这次叫他们的爸爸妈妈来帮忙了。看来他们要发起大总攻了，小朋友们你们准备好了吗？"

活动示范：老师双脚开立与肩同宽，身体微微向前倾，手掌微弓，五指分开，通过调整手臂与手掌控制球的方向，绕着锥桶拍球。

游戏规则：幼儿原地不动，绕着锥桶拍球。

指导重点：注意幼儿的拍球姿势，通过调整手臂、手掌的方向控制球的行进路线，并尝试调整拍球的力度。

尝试多种方式与力度，掌握控制球的方法。

4. 游戏：运球接力赛

引导语：鼹鼠被我们赶跑了，我们在成功保卫操场的同时，也练习了拍球。现在，让我们在操场上进行一场运球接力赛吧！

游戏规则：幼儿以运球的方式通过障碍物（标杆），返回终点后与下一名幼儿击掌接力。

指导重点：在游戏过程中，引导幼儿以正确的方式运球，尽量远离障碍物、绕大圈运球行进，并鼓励幼儿以稳为主完成游戏。

掌握运球的力度和控制球的能力。

（三）活动结束

1. 放松活动

幼儿呈四纵队站好，以球为道具为小伙伴按摩，从头到脚依次放松，养成运动后放松身体的好习惯。

指导重点：鼓励幼儿间相互合作，知道运动后应该如何进行拉伸，掌握方式方法。

2. 清理场地

以依次灌篮的方式收球，鼓励幼儿一起清理场地，引导幼儿将器械按类别按标记整齐收回。

指导重点：敢于面对挑战，体验灌篮游戏，尝试发现灌篮技巧。

五、活动延伸

以下三个延伸活动为下一次活动的延伸，分为原地控球、行进控球、合作控球三个梯度，以循序渐进的方式培养幼儿的控球能力及反应能力。

（一）精确打击

在幼儿面前放置四种颜色的呼啦圈，根据教师口令，幼儿在相应颜色的呼啦圈内拍球。

指导重点：培养幼儿的注意力、反应力以及控制球的能力。

（二）变向运球

为幼儿设置障碍物，以运球接力的方式完成游戏，通过改变障碍物间距增减难度。

指导重点：培养幼儿在运球的过程中控制速度和节奏的能力。

（三）击地传球

幼儿两两一组，面对面站立，以一次击地的方式进行传球游戏。

指导重点：培养幼儿的专注力以及传接球、合作的能力。

六、活动反思

本次活动基本完成了教育目标，教学过程以幼儿为本，注重每位幼儿的发展。大班幼儿已经具备一定的规则意识，在本次活动中，幼儿能够按照游戏规则完成游戏。游戏的故事性以及趣味性大大提高了幼儿对拍球的兴趣，幼儿在游戏化的情景中进行练习使练习效率大大提升，控制球的能力也有所提升。即使在游戏中遇到困难，在老师和小伙伴的鼓励下也能够完成游戏。

（一）趣味性热身

由于是在寒冷的冬季进行户外体育活动，因此活动开场进行了"小飞机航行"的简单热身活动，并且设置了不同难度的跑步击掌游戏，这既达到了热身的目的，又培养了幼儿根据目标调整跑步速度、节奏的能力。队列练习中幼儿对口令、哨声做出了正确的反馈，高昂的口号声也激发了幼儿的兴趣，为幼儿在之后的活动中积极参与打下了良好的基础。

在热身活动中，将篮球作为辅助材料为幼儿热身，热身效果较好，新奇的方式使幼儿产生了极高的兴趣。跳跃运动采用了两种方式，一种是利用篮球的弹力，锻炼幼儿的手眼协调、身体协调能力。另一种是通过"1、2、3"口令的方式进行，当听到数字"3"时立刻起跳，在这一过程中设置了一些小陷阱，如"1、2、1；1、3…"。在这一热身活动中，幼儿的情绪达到了一个小高潮，由此可见，将简单的小游戏融入热身活动是一种有趣、高效的热身方式。

（二）游戏化活动

主体活动以游戏化的方式贯穿始终，大大激发了幼儿的兴趣及自主能动性。活动中的运动量有递增递减曲线，符合体育活动的运动曲线要求，保证幼儿在游戏中体力充足，不会因为疲惫对活动产生不良影响。这次运球比赛激发了幼儿的竞争意识、好胜心，接力的方式培养了幼儿的团队精神。在比赛中有由易到难的难度调整，对培养幼儿的运球能力进行了提升。这次比赛所带来的效果远远超乎预期，有些幼儿因为能力较弱中途会将球弄丢或将障碍物碰倒，但是他们的小伙伴或是自发地为他们加油呐喊，或是就近帮助他们把障碍物扶起来，这些发自幼儿内心的举动凸显了活动"友谊第一，比赛第二"的精神，大班幼儿的团结协作精神也已经在他们心中生根发芽。

（三）互动式放松

本次活动的放松活动以幼儿间相互帮助的方式进行，幼儿利用篮球为小伙伴按摩的方式受到了幼儿们的高度喜爱。圆滚滚的篮球在身上滚动的感觉与双手按摩的感觉不同，在达到放松目的的同时，也增强了伙伴间的信任。

在活动结束时，以灌篮的方式收器械。在活动前，将跳跳袋绑在篮球架下，作为收纳容器。幼儿依次通过扣篮收器械，选择这种方式是为了让幼儿体验成功扣篮的成就感，为下次篮球活动做好铺垫。

（四）活动不足

在"小飞机航行"的入场过程中，因为幼儿跑步速度、击掌反应节奏不同，会出现拥挤的现象，影响了后面幼儿的节奏与体验，应对幼儿的身体素质进行更加深入的了解与分析然后重新编队，将身体素质相近的幼儿编入一队会减少这种情况的发生。幼儿在队列练习向后点集合的过程中，由于看不到后面的路以及与伙伴的间距，不敢大胆走，这些因素导致了幼儿行走的姿势不统一，仍需教师指导与练习。篮球运动虽然激发了幼儿对热身活动的兴趣，但是在个别热身活动中使用篮球则给幼儿带来了负担，不如徒手热身更加高效，所以应该选择更加方便、安全的辅助材料辅助幼儿进行热身运动。对于拍球技巧的总结应该前置，放在游戏后进行总结会让幼儿没有机会进行实践。总结语言应该更加精简、准确，便于幼儿理解，在幼儿了解拍球技巧后应给予幼儿充足的时间进行练习。在运球比赛中对规则说明得不够明确、严谨，如幼儿运球到中途时，球丢了，幼儿应该从哪里重新开始，是回到起点还是从丢球的位置开始。活动规则是让幼儿理解如何进行游戏的最直接的方式，所以老师应反复思考、预设，避免这种情况的发生。在放松活动中，应该让幼儿着重放松活动中重点锻炼的部位，而不该是重整体、轻重点。

小猪历险记

> **申请人简介**：李凌燕，毕业于北京青年政治学院，在校期间获天津理工大学学士学位，工作期间获北京联合大学学士学位，积极参加当代杯、家园共育、张雪门、美研杯、京美杯等比赛并获奖，目前为园内二级教师。从教三年，有丰富的专业知识体系和实践经验，工作认真细致、吃苦耐劳、责任心强，具有较强的服务意识。
> **所在单位**：北京市东城区安乐幼儿园
> **适用班级**：幼儿园小班

一、活动设计意图

户外活动中为提升幼儿的体能，应学习《3~6岁儿童学习与发展指南》（以下简称《指南》）和适合幼儿身心特点的相关书籍，并在活动中运用所学知识，让幼儿在游戏中学习，享受运动的快乐。

（1）刚入园的小班幼儿对新环境很陌生，他们既焦虑又很好奇，而游戏是大家直接交流的方式，老师应用各种有趣的方法吸引他们的注意力，使他们喜欢上幼儿园的新生活，有归属感、存在感，并尽快融入和适应小集体生活。

（2）由于本班幼儿是两个半日班，所以半天的在园生活对于他们来说各个方面的能力都有所欠缺，出勤率、身体状况等的不同使他们在运动能力和水平上参差不齐，所以需要培养他们的运动能力。本次活动主要提升幼儿的"钻"和"平衡"能力。幼儿喜欢模仿小动物走路，以情景游戏——小猪历险记，激发幼儿的游戏兴趣和参与热情，真正做到玩中学、学中玩，寓教于乐、快乐游戏。

（3）本次活动从小班幼儿的年龄特点和实际情况出发，运用游戏方法，让幼儿在轻松、愉快的氛围中，在和小伙伴们相处的过程中收获友谊；同时，对不同形式的游戏材料进行有效的互动实践，让幼儿从中掌握"钻"和"平衡"的技能技巧，感受体育游戏的快乐。

（4）《指南》在健康领域中提出"利用多种活动发展身体平衡和协调能力，如走平衡木等，开展丰富多样、适合幼儿年龄特点的各种身体活动，鼓励幼儿坚持下来，不怕累。为幼儿准备多种体育活动材料，鼓励他们选择自己喜欢的材料开展活动，不要过于要求数量，更不能机械训练"。这也体现出要开展适合于幼儿的体育活动的思想。本次活动中要掌握"钻"的能力，活动过程中膝盖不着地、手不摸地、头不碰到障碍物，平稳通过即可。在保持平衡的过程中双手自然伸直，眼睛看向前方，双脚一前一后交错协调地走向终点。

（5）幼儿体育活动兴趣的激发、基本动作的发展都是在身体运动过程中逐渐获得的，而作为老师我们要做的就是为幼儿提供尽可能多的身体运动的机会，吸引幼儿参与其中，鼓励和支持幼儿主动练习与体验，并在此过程中给予幼儿适当的指导和帮助。

二、活动目标

（1）让幼儿初步尝试"钻"的技能，保持身体平衡，双脚交替向前走过障碍物。

（2）让幼儿在体育游戏中感受到运动的快乐。

三、活动准备

（1）物质准备：泡沫拱形桥、长条泡沫垫、石头障碍物。

（2）经验准备：幼儿已有日常的"钻""爬"运动游戏经验。

四、活动内容

（一）活动开始

1. 热身活动

做韵律操、模仿小乌龟爬行、模仿螃蟹走路。

引导语：今天动物园里的小动物们邀请小朋友来做游戏，我们先来学一学他们的招牌动作吧。

指导重点：使身体的各个部位都得到充分的活动。

2. 队列练习

男女生分两组进行开火车游戏。

游戏规则：后一个幼儿的双手搭在前一个幼儿的肩膀上，眼睛看着前一个幼儿的后脑勺，一个跟着一个走。

游戏目的：培养幼儿的集体游戏意识。

示范提示：我们的小手不能放下来，小火车不能断哦！

（二）活动过程

1. 情境导入，集中幼儿注意力，引发幼儿的探险精神和参与热情

引导语：小朋友们，你们喜欢冒险吗？今天猪妈妈要带小朋友们去冒险，路上会有各种小关卡要阻拦我们，相信我们一定会战胜它，出发吧。

游戏规则：男生女生分为两组，老师边做示范边讲解规则并介绍多种游戏材料，以接力形式完成，前一个幼儿从起点出发再回到起点后拍下一个幼儿的手，下一个幼儿即可出发，排队等待的其他幼儿要及时地向前走一步，排好队，给比赛的幼儿加油。要及时关注班中个别幼儿的动向。

2. 游戏：钻山洞

引导语：一关一关的游戏摆在你们的面前，你们害怕吗？我们要怎么做呢？老师相信你们一定可以大通关，加油吧！聪明的小猪们！

游戏规则：设立五个同等距离的拱形桥，小朋友到一个拱形桥前面就要先蹲下来，头也要低下，然后手不要扶地向前走，不碰倒拱形桥。过山洞后需要跑回到起点，拍手接力给下一个幼儿。

示范提示：拱形桥倒了，我们要把它扶起来，这样下一只小猪才会顺利通过哦。

3. 游戏：过小桥

游戏规则：把三个长条泡沫垫粘连在一起，幼儿需要双臂打开，自然伸平，双脚前后交错向前走，保持平衡不掉下去走到终点，然后迅速跑回起点拍下一名幼儿的手，下一名幼儿出发。

示范提示：泡沫垫出现分开的情况，继续向前走。出现翻折的情况停下来寻求老师的帮忙或自己重新把泡沫垫整理好。

4. 游戏：走石子路

游戏规则：准备五个异形的障碍物，幼儿需要一个一个地跨过障碍物，且保持身体平衡，不掉到小河里，到桥上跑回到起点，拍下一名幼儿的手，下一名幼儿出发。

示范提示：不可以着急，要稳稳地一只脚跨过去，另一只脚跟过去，站稳了，再跨另一个障碍物。

活动照片如图1～图3所示。

图1 活动照片（一）　图2 活动照片（二）

图3 活动照片（三）

5. 活动小结

可爱的小猪们都和猪妈妈完成了这次困难的冒险，而且你们很勇敢，真棒，下次我们还要一起去探险。现在我们去补充一下能量吧。

（三）活动结束

1. 放松活动

玩呼啦圈和滑滑梯。

2. 清理场地

引导幼儿将器械按类别收回。

示范提示：每个人拿一个游戏材料，抱好，注意不能打到其他的小朋友，不能打闹，因为会受伤，走着来找老师，交到老师手里，然后重新去排队。

五、活动延伸

(1)"拱形桥":拱形桥下的空间较大,可以尝试两名幼儿手扶着拱形桥,其他幼儿钻过拱形桥,提高身体的灵敏性和协调性。

(2)"过小桥":提高"小桥"的高度,这样更有利于锻炼幼儿的平衡能力和勇敢战胜自己的心态。

(3)对于平衡能力较弱的幼儿,如果发现其不能双脚灵活交替地上下楼梯,老师日常要多关注、多培养,和家长沟通,让家长在家陪伴孩子多练习,引导其尽快掌握这项技能。

六、活动反思

(一)教育目标符合本班幼儿的能力

(1)《指南》从身体素质的角度提出了幼儿在大肌肉动作方面"应具有一定的平衡能力,动作灵敏、协调"的发展目标。人的运动都是需要在保持身体平衡的状态下进行的。平衡能力是完成身体动作的基础和前提,也是实现自我保护的基本能力,只有发展幼儿的平衡能力,才有助于幼儿在保持身体平稳安全的状态下进行各种活动。

(2)初级阶段,发展幼儿基本动作中的跑、钻等动作,这也是幼儿体育活动的重要目标,设置好自己体育活动的教育目标后,过程中要注意对幼儿进行基本动作练习的指导。跑的时候要目视前方,双臂弯曲在身体两侧自然前后摆动;钻的时候要蹲下来,双手不扶地向前走,保持身体的平衡;在站立保持平衡动作时,双臂要自然伸直,双脚前后交替向前走。

(3)本班幼儿是初步尝试钻的动作,所以活动中老师要花更多的时间进行多次示范和讲解,帮助幼儿尽快地学习和尝试,在游戏过程中多指导和帮助个别的幼儿,特别是对于能力较弱的幼儿,配班老师要持续关注和在旁悉心指导,给予更多的鼓励,使其在体育活动中找到游戏的乐趣和运动的快乐。

(二)教学方法符合本班幼儿的特点

(1)讲解示范法:小班幼儿主要以模仿学习、游戏为主,所以老师要在游戏前边讲述边示范,让幼儿知道在游戏过程中哪些动作是正确的,哪些动作会出现何种的危险,让幼儿讨论并有自己的判断力,避免身体受伤。

(2)练习法:每个游戏都要让每名幼儿去练习,老师根据每人出现的共性问题进行集中的讲解示范。对于不同的问题,老师要分工合作进行引导和帮助,改正一些小的问题,让幼儿尽快地熟悉和掌握游戏动作和方法。

(3) 讨论法:每个新游戏的出现,我会让幼儿讨论和表达自己的想法,大胆地在集体面前发言、发挥自己的想象力,说一说、猜一猜这个游戏的玩法,幼儿如果兴趣高涨,对后面的游戏也会更加感兴趣。

(4) 复习法:有的游戏玩法在之前也有类似的游戏经验,只是换了不同的游戏材料,这是对平衡动作的简单回顾,幼儿们能够更加熟练,为后面的大探险做好充分的运动技能准备。

(三) 教学准备的反思

(1) 物质准备:"拱形"桥、平衡木垫子、石头障碍物都是幼儿们日常户外游戏的材料,但都是单一的形式游戏,这也是考虑到幼儿的运动水平和能力,需要一点点地提升各方面的技能,最后成功完成。起点的设置,可提升幼儿的规则意识,所有的接力游戏都要有起点,培养和树立幼儿公平公正的意识。

(2) 经验准备:在户外体育活动中,也会有相关的游戏,培养和渗透幼儿下一个需要掌握的体育动作,如幼儿最需要掌握的基本动作"走""跑""跳跃""投掷""攀登""钻""爬""搬运"等,这也是幼儿体育活动的重要目标,尤其要注意对幼儿的基本动作练习要进行正确指导,不能只顾幼儿的游戏兴趣而忽视幼儿在动作发展上的指导,避免错误的动作影响其身体的发展。例如,幼儿在走平衡木的过程中,最重要的就是保持身体的平衡,双臂自然伸直,双脚一前一后交替向前走,避免错误的前后脚挪移,减少危险的发生,即使掉下来的时候幼儿也能保护好自己。

快乐的小螃蟹

申请人简介：史文敬，毕业于北京幼儿师范学校，后在首都师范大学学习，取得大学本科学历。2018年获得北京市东城区学科带头人称号。在二十余年的一线工作中，史文敬老师积极探索活动形式，针对幼儿自身的游戏水平设计开展了各种游戏活动，尝试多领域相结合开展幼儿的自主学习与探究活动。教学活动获得北京市教育活动展评一等奖、东城区异地教学活动一等奖，撰写的多篇论文和活动案例获得国家市区级的奖项一、二等奖，多篇课例赏析、游戏活动设计、教育经验文章发表在专业书刊杂志上。
所在单位：北京市东华门幼儿园分园
适用班级：幼儿园大班

一、活动设计意图

（一）传统活动中常规模式与现代教育理念的有机融合

（1）传统活动中活动流程有着自身的特色和科学育儿的方式与方法，这是多年教育工作者积累下来的精华，所以在本次体育活动中遵守健康教育理念和体育活动的特点，从入场、准备活动、基本动作探究、游戏活动、团队竞赛活动、活动后的放松、离场活动等环节达成动静结合、劳逸结合的目标。

（2）本学期结合体育活动目标与本班幼儿发展现状，老师在活动中秉承幼儿自主探究深度学习的理念，关注个别幼儿自身的发展需要，适度地引导尝试，利用低结构的游戏材料开展活动。

（二）挖掘体育游戏中动作要领的达成方法

（1）《3~6岁儿童学习与发展指南》（以下简称《指南》）中指出，4~5岁的幼儿能以多种方式钻爬，具有一定的平衡能力，动作协调灵敏。体育游戏活动区别于幼儿的自由游戏活动，幼儿园为幼儿提供了一个社会环境，其与家庭环境的不同在于基本动作要领的掌握环节会尝试运用同伴之间相互学习的方法。幼儿同伴之间的互动达到大班幼儿合作化的共同学习目标。探索侧面钻的动作要领从老师教授动作要领，调整为幼儿自己尝试，通过集体讨论总结方法、大胆尝试等策略突出大班幼儿合作化的共同学习目标，促使活动目标的完成。

（2）通过多层次的游戏活动，促进幼儿与材料之间的有效互动。在此基础上尝试高结构的游戏材料与低结构的游戏材料相互作用。在活动中利用高结构的游戏材料（如套圈拱形门），实现动作要领的掌握，通过对低结构游戏材料（如报纸、皮筋等）的运用，达到动作的练习目的。悉心关注体育活动中的细节、关注策略的运用、推敲提问内容，使其层层深入，促使活动目标的完成。

（三）针对本班幼儿存在的问题及实际需求设计活动，细化活动内容

（1）体育活动中幼儿要保持精力集中。从活动入场环节开始丰富队列内容为左右分队走、切断分队走、变换队形走，运用音乐和哨声将这几种队列衔接起来，提高幼儿的注意力。

（2）抓住班内共性的问题选择体育活动内容。在"快乐的小螃蟹"体育活动中，将常规内容幼儿听口令模仿老师做准备活动动作的环节，调整为有针对性的动作准备活动。重点加强腿部的练习，以腿部移动练习为主，并取名"划船游戏"。

（3）在掌握游戏动作要领以及规则的基础上。细化活动环节，个人尝试钻圈方法、分享方法、小组"传圈"游戏，重点巩固侧面钻的动作要领。①幼儿自己拿着圈侧面钻过圈；②侧面钻过立起来的圈；③侧面钻过有一定高度和长度的圈、筒。这三个层次的设计从易到难适合幼儿掌握。

（4）利用高结构游戏材料和低结构游戏材料，每个环节活动围绕着活动目标循序渐进开展。尝试利用报纸、皮筋等低结构的游戏材料开展"快乐小螃蟹"的游戏，促进幼儿在自主探究中深度学习。

（5）运动科学中提倡动静结合、张弛有度，同时卫生保健工作中也要求运动健康理念。所以在活动内容的选择上注意节奏快慢与活动环节配合，同时选择适合的音乐。放松活动让同伴之间相互放松，增强情趣。最后还要注意到利用深呼吸来调控幼儿的运动心率。

二、活动目标

（1）掌握正面、侧面钻过障碍物的方法，尝试低头团身移动重心的方法、要领，练习钻过不同材料、不同高度、不同长度的障碍物，提高身体的灵敏性、柔韧性及协调能力。

（2）了解健康的运动内容，积极地在活动中尝试动静、劳逸结合的健康理念。

（3）游戏中鼓励同伴之间相互配合，体验合作的快乐。

三、活动准备

（1）物质准备：每个环节的音乐准备、40厘米直径圈8个、折返标志4个、动物拱形门4个、桶形隧道4个（在50厘米直径位置用皮筋结段）以及报纸若干、皮筋若干。

（2）精神准备：使幼儿建立合作意识，能积极想办法，大胆尝试自己的想法。

四、活动内容

（一）活动开始

1. 进入场地（选择《松鼠进行曲》进入场地）

进入场地行进路线如图1所示。

路线一　　　　路线二　　　　路线三　　　　路线四

图1　行进路线

指导重点：

（1）此环节是体育活动的重要准备活动之一。幼儿要保持队列之间的距离，手臂自然摆动行进。

（2）幼儿在行进音乐的伴奏中，上下肢协调地行进，能听哨声变换队形。

（3）全体幼儿要注意力集中，跟随自己队伍完成队形变换，达到团队合作完成的目标，体验合作的快乐。

（4）活动中老师安全提示：进场活动中幼儿会出现拥挤、认错排头等问题，老师要预估本班个别幼儿的行为特点，有意识地通过站位、手势提示等引导幼儿变换队形；遵从个别幼儿的发展现状给予宽松的环境氛围；在必要时老师可以走到幼儿身边伴随幼儿行进；通过伴随式引领达到体验团队变换队形的目的。

2. 热身活动：快乐的小螃蟹动动动

在音乐的伴奏下，师生一同跳舞。

老师："我们都是快乐的小螃蟹，动动我们的头，动动我们的大钳子，动动我们的腿。小小螃蟹会怎么走呢？动一动，我们走一走。"老师指导幼儿如图2所示。

图2 老师指导幼儿

指导重点：

（1）做头部、上肢、下肢、腹部运动，重点活动肩关节、腰部、膝盖、腿部。

（2）结合已学过的深蹲侧移重心——"划船游戏"，让幼儿自主选择小螃蟹走一走的方式，从而更好地舒展自己身体的各个关节。

(3) 活动中老师安全提示。

①本环节作为幼儿基本动作的准备活动，要加强重点身体部位的练习。例如，在头部练习时动作幅度要由小到大、由慢到快，颈部关节较敏感，每个动作都要循序渐进。

②在髋关节和膝关节的活动中，要由蹲起到深蹲最终达到深蹲侧面出腿移动重心的动作发展顺序。移动重心的时候要由慢到快，注意移动的频率不要过快急于求成。在移动重心的活动后起身轻轻甩动双腿进行放松。此环节要渗透健康运动理念，动静相结合，快慢相结合，同时注意呼吸的配合。

（二）活动过程

1. 游戏：小螃蟹钻圈

幼儿自主结伴，用大小不同的套圈、拱形门尝试钻圈。

老师："我们这里有许多圈圈可以组合在一起，希望你能够有更多的钻过去的方法。"小螃蟹钻圈如图3所示。

图3 小螃蟹钻圈

指导重点：
(1) 在尝试钻圈的过程中积累钻圈的动作经验与要领。
(2) 在自由结伴的过程中，同伴之间相互学习尝试多种钻的动作。
(3) 鼓励幼儿分享自己钻圈又快又稳的动作要领。
(4) 活动中老师安全提示。

①在此环节幼儿多会尝试正面钻的动作，低头团身、钻圈、出圈的动作过程中要注意动作到位，尤其要注意在出圈的过程中手脚的协调配合，有的幼儿会在出圈的过程中因手脚配合不到位而摔倒。老师要引导幼儿发现摔倒的原因。"为什么摔倒了？""怎么避免摔倒？"，摔倒的时候尽量降低身体的重心，减小摔倒的幅度。

②在尝试侧面钻的动作中，老师要加强保护，老师的手放在幼儿的身侧，不要拉动幼儿的身体，避免外力的干扰，让幼儿自己感受动作的要领以及腿部力量的转换。对于能力弱的幼儿可以请同伴协助扶圈，减小动作的难度。

2. 游戏：钻山洞

老师："我们都是小螃蟹，能侧面钻过不同高度和长度的障碍物吗？请你们走一走、试一试。"

指导重点：

（1）梳理幼儿钻过障碍物的方法，低头、团身、伸长腿、移动重心。

（2）在钻过较高的障碍物时和钻过较长的障碍物时，都有什么好方法。

（3）活动中老师安全提示。

①幼儿在此环节中通过已经掌握的侧面钻的动作要领，成功钻过不同障碍物。在这个环节中游戏材料要由幼儿自己选择。如果幼儿选择难度较低的拱形门、套圈，要表示尊重。幼儿会在熟练动作的基础上尝试更有挑战的游戏材料。老师在这里可以提示"我们把圈加高试一试""长长的山洞钻一钻"。

②在钻过长长的"山洞"的过程中，要注意每次钻进去的幼儿之间相隔的距离，防止意外踩踏事件的发生。

③在钻过较高的障碍物时，要注意材料的稳固性。

3. 自由游戏环节：挑战游戏

游戏环节说明：这个环节是基于我们班"利用低结构的游戏材料"课题活动而开展的一个拓展活动环节。本班幼儿已有了相关经验，发现了身边低结构游戏材料的多种玩法，这是为满足幼儿意愿而设计的一个环节。为幼儿提供报纸、皮筋等低结构的游戏材料，在幼儿已经掌握侧面钻的动作要领的基础上开展拓展环节。

因为报纸是幼儿经常使用的低结构游戏材料，幼儿也已经感知过报纸平铺、团、攥、撕等操作方法，利用材料在报纸中间挖一个洞，或是将报纸攥成条状，利用皮筋连接等方式制作可以钻过去的障碍物，利用侧面钻的动作开展游戏。

老师："报纸容易破，小小螃蟹怎么钻过去？"

指导重点：

（1）利用低结构的游戏材料尝试侧面钻。

（2）在游戏中鼓励同伴之间相互配合，如同伴相互撑着或扶着材料。

（3）选择不同的材料进行侧面钻动作练习，提高动作的精准性、柔韧性及协调性。

（4）活动中老师安全提示。

①低结构游戏材料的多变性决定了幼儿在活动中自主性强，不能强求每个幼儿都能够参与活动。在幼儿需要帮助时，如两张报纸连接时，老师提供帮助。

②在侧面钻的过程中注意动作要领的掌握与练习。

（三）活动结束

（1）在音乐的伴奏下小螃蟹们做放松活动，同伴可以相互轻轻地捶一捶，形成活动后动静结合、劳逸结合的健康放松理念。

（2）在音乐的伴奏下收整材料并离开场地。

（3）活动中老师安全提示。

①同伴相互放松环节增进了幼儿之间的友谊，但这时幼儿比较兴奋，而且已经有了一定的活动时间，可能动作力度掌握有所差异，老师在这时候要有语言的提示："孩子们轻轻地拍打让身体放松""小朋友相互之间放松的时候也要轻一点，放松的顺序可以从上到下有规律哦"。

②在收整材料的时候要避免拥挤。

五、活动延伸

在班级以及活动场地中投放一些低结构的材料，如报纸、纸杯、布、皮筋等自由组合，同伴相互组合完成挑战。

六、活动反思

在设计活动中，依据《指南》目标对活动细节精心调整。著名教育家陶行知先生说"教育为本，观察先行"，只有在观察幼儿的基础上，才能设计出适合本班幼儿发展现状的活动。抓住本班幼儿的发展水平找到最近发展区。在设计活动的各个环节中要做到，每个环节都是围绕活动的目标开展的活动，将活动的内容细化，清晰地了解各个环节中可能出现的问题，鼓励幼儿合作化地共同解决问题。

体育活动和其他领域活动有所不同，蕴含着科学健康理念。在幼儿做游戏的过程中通过幼儿自己尝试、同伴相互观察以及学习中动作要领的积累，在钻圈、侧面钻圈、不同高度的侧面钻、较长物侧面钻以及尝试利用低结构游戏材料的侧面钻的活动过程中，老师要秉承幼儿是活动的主体、材料与环境是外界的媒介的观念开展活动。

好玩的球

申请人简介：我叫梁翠翠，中共党员，本科学历。从2012年至今，于国家林业和草原局幼儿园从事教学工作。2017年11月，取得"国培计划"示范课授课证书。2018年3月，参加北京市东城区第八届童心杯活动，取得说课、教学展评第三名。2018年10月，获得北京市名园名师优质教育活动的展示观摩证书。2019年6月，取得"北京师范大学承办的高级研修班"示范课的授课证书。2017年，参加东城区交流反馈课程班，做公开课，获得证书。多次参加北京市京研杯论文评选，分别获得北京市京研杯二、三等奖，获得北京市"智慧教师"论文二等奖。2018年1月，参与区级绿色课题汇报，发表专题发言。2019年，赴广西罗成参与教育扶贫工作，开展科学交流活动《茶水变变变》。2018年，被评为一级教师，同年被评为东城区优秀教师。

所在单位：国家林业和草原局幼儿园

适用班级：幼儿园小班

一、活动设计意图

（1）疫情期间，幼儿居家防疫，不能像往常一样到户外参与体育活动，为丰富幼儿居家生活，提高幼儿身体素质，增强幼儿抵抗力，我园老师们本着"疫情防控有我在"的精神，开展了关于室内体育游戏的研究，但是体育游戏都是针对幼儿的游戏，没有很好地调动家长参与活动的积极性，由于幼儿尤其是小班幼儿在家很依赖父母，父母陪伴游戏能够拉近亲子关系，还能进行一对一的指导，所以我尝试和老师们录制了亲子室内体育游戏。

（2）幼儿年龄小，上肢力量弱，如何通过室内体育游戏发展幼儿的上肢力量呢？《3~6岁儿童学习与发展指南》（以下简称《指南》）中指出，要关注幼儿的学习方式和特点，尊重幼儿的个体差异。结合《指南》，根据我班幼儿上学期间积累的滚球、传球、拍球的经验，部分幼儿已掌握拍球的方法，并结合球类游戏的玩法，设计了滚球、传球、拍球的游戏，以提高全体幼儿身体的协调性，发展幼儿的上肢力量。

（3）"好玩的球"是结合本园阳光体育特色开展的室内亲子体育游戏。因为之前已经开展了很多球类活动，考虑到球这一材料每家都有，所以我们设计了"好玩的球"亲子游戏，以充分调动家长和幼儿参与活动的积极性，通过球类游戏拉近亲子关系，感受玩球的愉悦感。在疫情时期，通过体育游戏也能增强幼儿体质。

二、活动目标

（1）使幼儿愿意玩球，尝试球的多种玩法，在玩球的游戏中发展上肢力量。
（2）让幼儿喜欢玩球类游戏，体验亲子玩球的快乐。

本次活动的游戏目标定位是根据幼儿前期玩球的经验和球的特性，如球会滚动、有弹跳性，同时结合对锻炼幼儿上肢力量的思考，设计了关于上肢动作的游戏。因为幼儿年龄小，身体协调性和上肢力量弱，所以我想通过用手滚球、传球、拍球等重点动作，提高幼儿的上肢力量。

三、活动准备

（1）物质准备：球，音乐。
（2）经验准备：幼儿前期已拥有了滚球、抛球的能力，大部分幼儿已初步掌握了拍球的方法。

四、活动内容

（一）活动开始

视频谈话引入，通过球的游戏，激发幼儿和家长参与亲子准备活动。

老师："小朋友们好，你们看这是什么？今天我邀请我的好朋友一起玩球了，你想不想邀请你的爸爸或者妈妈一起玩球呢？"

示范提示：教师通过视频示范的方法，引导幼儿和家人一起跟随音乐参与亲子准备活动，如左右活动头部四次，通过亲子互动传球、抛接球游戏，活动上肢、腰部等。亲子准备活动如图1所示。

(a)   (b)

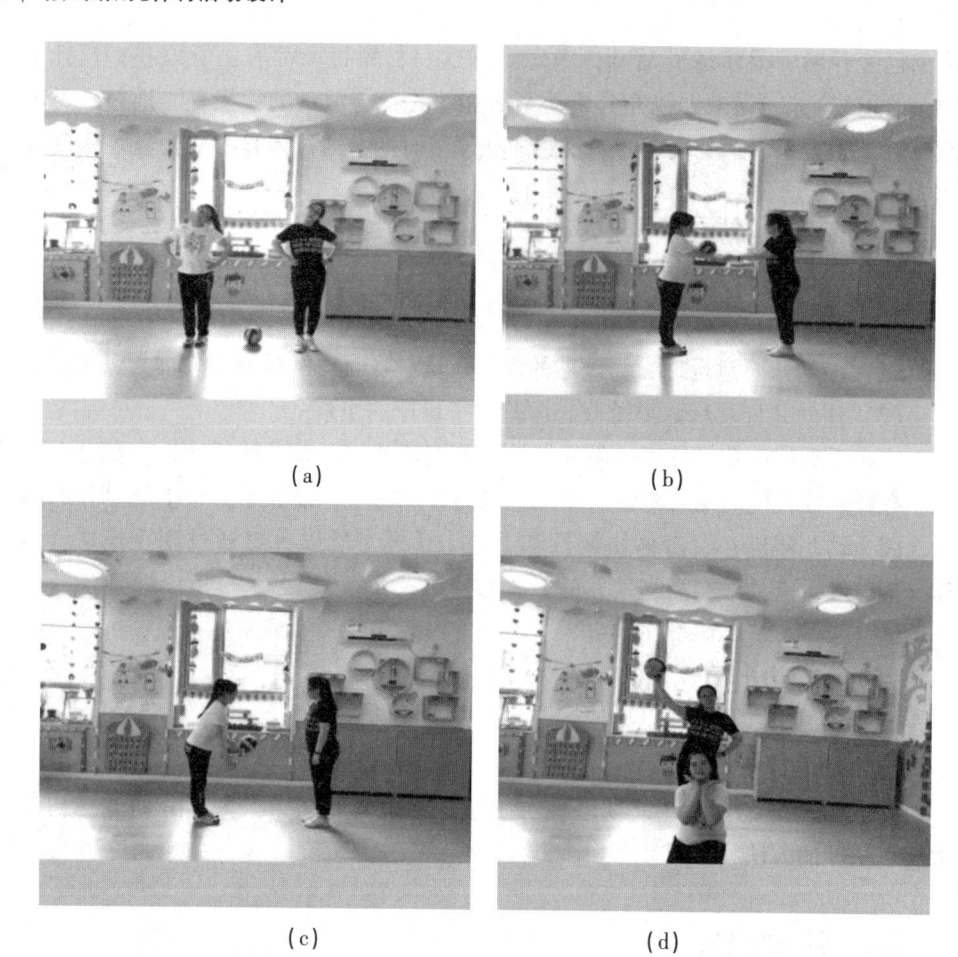

(c)   (d)

图 1　亲子准备活动

这节是亲子室内体育游戏，直接以谈话的方式，结合材料的引入来展示，游戏方法简明、易懂，能激发亲子参与准备活动的兴趣，提高幼儿准备活动的质量。

准备环节：尝试亲子热身游戏，通过精选"足球宝贝"的音乐，充分调动家长和幼儿参与的兴趣，家长参与其中，提高亲子热身活动的质量，拉近亲子关系。

（二）活动过程

通过亲子游戏"好玩的球"，引导幼儿和家人一起玩球类游戏。

老师："小朋友们，今天的准备游戏好玩吗？你们的身体活动开了吗？快来和爸爸妈妈玩球的游戏吧。"

1. 游戏：滚球小达人（见图2）

游戏目的：提高幼儿的手眼协调能力，用手感知、控制球的能力，促进幼儿的手臂力量，同时也发展幼儿和家长的配合能力。

游戏规则1：小朋友和家人屈膝面对面坐好，手中各拿一个球，两人把球放在手和脚的一侧，眼睛盯着球，用手慢慢滚球，另一只手接球，并绕身体一圈。注意滚球的时候不要着急，慢慢滚动小球。

游戏规则2：小朋友和家人面对面坐好，同时把腿分开，双方商量把球放在腿的一侧，尝试用刚才的方法，用手滚球，从一侧的腿部绕过另一侧的腿部。注意滚球时，小手轻轻地滚动，眼睛看着小球，也可以和家人一起商量从哪一侧开始滚球。

重点提问：小朋友们想一想，我们还可以用球绕过我们身体的哪些部分呢？

游戏规则3：家长和幼儿把腿伸直，双方两脚相对，面对面坐好，由一方拿球放在两腿上方，一方用两手滚球传给对方，对方接球后传给另一方。

重点提问：小朋友们想一想，如果我们有一个球的时候，还可以怎么玩滚球的游戏呢？

游戏规则4：家长可以引导幼儿低头弯腰，眼睛盯球，胳膊伸直，用小手掌用力，慢慢绕过"小路"。在过程中，请家长提醒幼儿不要着急，慢慢滚，并多鼓励幼儿。

重点提问：小朋友们想一想，你会和爸爸妈妈摆什么小路来玩滚球的游戏呢？

示范提示：

（1）家长和幼儿可以一同寻找家中废旧材料当作路径中的小障碍，和幼儿一同商量在哪里摆放，怎么摆放"小路"，摆放什么样子的小路。并和幼儿一同玩滚球游戏。

（2）家长可以和幼儿一同摆两条不同路径的小路，进行滚球比赛。

滚球小达人的教学方法如下：

（1）在滚球小达人的游戏中，老师通过滚球的动作设计了几个层次的游戏。第一个亲子游戏：两位老师做了示范，孩子们更直观地感受滚球游戏的玩法，并能和家人一起模仿，参与体验滚球游戏。第二个亲子游戏：老师示范绕两腿外侧进行滚球，并且提问："小朋友们想一想，我们还可以用这个球绕过我们身体的哪些部位呢？"这样的提问能够引发幼儿的思考，并能激发幼儿探索用其他动作滚球的方式。第三个亲子游戏：一个球的时候怎么和爸爸妈妈一起玩呢？同样会激发幼儿探索不同的玩法。

(a)

(b)  (c)

图 2 滚球小达人

（2）第四个亲子游戏是班级幼儿日常的滚球绕障碍物的游戏，幼儿通过滚球绕过一个个矿泉水瓶，这提高了滚球的难度，如图 3 所示。四个亲子滚球游戏，是在滚球的基础上慢慢提高游戏的难度，如亲子滚球的配合性，一个球如何滚球，滚球如何绕过障碍。这体现了游戏的层次性，满足了幼儿心理和身体的发展需求，遵守了体育科学性的原则，也满足了不同家长和幼儿有针对性地选择参与游戏的需求，同时也激发了幼儿探索其他滚球游戏的兴趣。

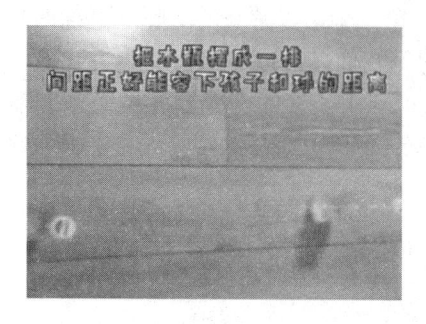

(a)  (b)

图 3 滚球绕障碍物

2. 游戏：传球小达人（见图4）

游戏目的： 发展幼儿辨别方向的能力，双手协调传球配合的能力、反应能力。

游戏规则1： 家长与幼儿背对背站好，两腿分开，家长或幼儿把球举过头顶，从头上到脚下进行传球。注意在传球过程中家长稍微弯腰，或者发出指令，和幼儿一同上下传球。

重点提问： 小朋友们想一想，怎么才能把球传给家人呢？怎么才能接到家人传来的球呢？

游戏规则2： 家长与幼儿背对背站好，两腿分开，家长或幼儿拿球把球举过头顶，从不同方向传球，待幼儿熟练后，可根据音乐的快慢练习从不同方向传球。在传球的过程中家长可融入方位词，引导幼儿从不同方向传球。

重点提问： 小朋友们想一想，和家人玩传球游戏时，怎么传球才能又快又好啊？

游戏规则3： 幼儿和家长面对面站好，妈妈拿球或是幼儿拿球，一方眼睛看着对方，胳膊伸直，双手扔球，抛给对方，对方眼睛盯球，胳膊微伸，接到对方的球，反复游戏。注意家长可根据幼儿的能力适当调整抛接球的距离。

重点提问： 小朋友们，你是怎么接到家人抛出来的球的呢？

传球小达人的教学方法如下：

（1）在传球小达人的亲子游戏中，设计了三个游戏。第一个游戏是背对背上下传球，第二个游戏是背对背左右传球，通过改变背景音乐的快慢，引导家长根据幼儿的情况，慢慢地随音乐改变传球的速度，增加了游戏的层次性，在玩球的游戏中满足了不同幼儿的发展需要。

(a) (b)

图4 传球小达人

（2）第三个游戏加入了班级幼儿亲子抛接传球游戏（见图5），并提醒家长根据幼儿的情况，调整抛接球的距离，游戏设计遵循了幼儿的身体和心理适应的过程，层次性的传球游戏也关注了幼儿的个性发展需求。

图5　抛接传球游戏

3. 游戏：拍球小能手（见图6）

游戏目的：发展幼儿的上肢力量和手腕的灵活性及手眼协调能力、身体的协调性，提高家长和幼儿的配合能力。

游戏规则1：幼儿和家长靠一侧站好，两脚分开，两腿稍微弯曲，腰弯一弯，五指自然分开，拍球。（我们还可以边说儿歌边拍球，小皮球，真有趣，我和妈妈来比赛，拍一下弹上来，你也拍，我也拍，看谁拍得多又好。）

重点提问：小朋友你和爸爸妈妈谁拍得多呢？你是怎么拍得多又好的呢？

游戏规则2：家长与幼儿面对面站好，两脚分开，一方两手拿球，低头弯腰，眼睛盯球，并用手拍球传给对方，对方眼睛盯球，待接到球后，再次拍球传回来。注意在拍球传球的时候引导幼儿慢慢拍，并尝试传给家长，过程中多鼓励幼儿，也可根据幼儿掌握拍球的情况，随时调整两人的距离。

重点提问：小朋友们想一想，一个球的时候，我们跟家长怎么玩拍球游戏呢？

拍球小能手的教学方法如下：

在设计拍球小达人的游戏时，考虑到幼儿在前期积累的拍球经验。设计拍球小达人的游戏，目的是借亲子拍球的契机，激发幼儿模仿家长拍球的方式。设计亲子拍球的比赛游戏，可提高幼儿的上肢力量，游戏还很好地结合了亲子游戏中互相拍球传球的游戏，增加了游戏的挑战性，满足了不同家长和幼儿的需求。

图 6　拍球小能手

五、活动延伸

通过视频展现，引导幼儿探索不同的玩球方式。

老师："小朋友们想一想，还可以怎么玩球的游戏呢？可以和爸爸妈妈试一试，然后把你觉得好玩的游戏分享给大家吧。"

老师通过提问引发幼儿思考，球还可以怎么玩呢？并引发幼儿探索球的不同玩法，促进幼儿其他动作的发展。图 7 就是我班幼儿在观看老师设计的球类游戏后，自发地和家长体验的亲子玩球游戏，有的孩子模仿老师和家人游戏，有的孩子和家人用球玩出了新的花样，这是幼儿探索玩球的结果，在游戏过程中发展了幼儿其他的动作，也增进了亲子关系。

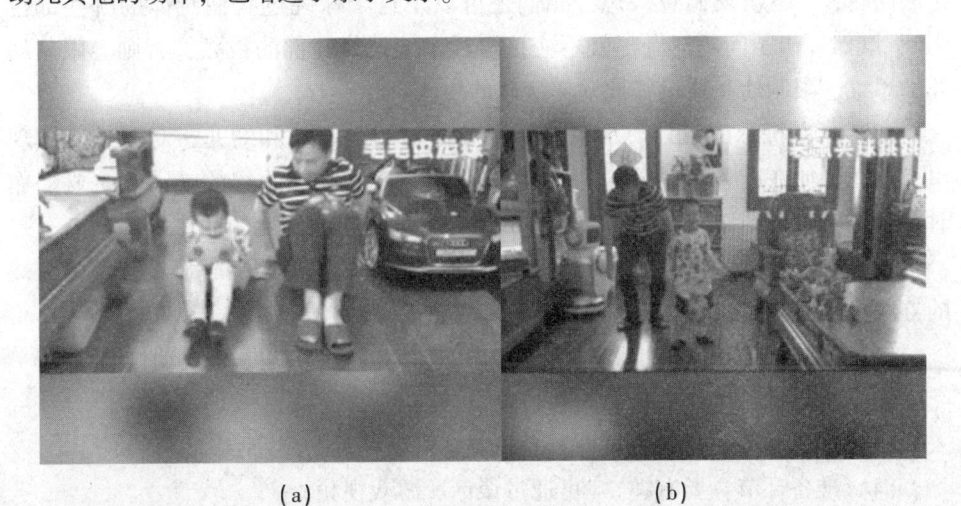

(a)　　(b)

图 7　幼儿自发地和家长体验的亲子玩球游戏

(c)   (d)

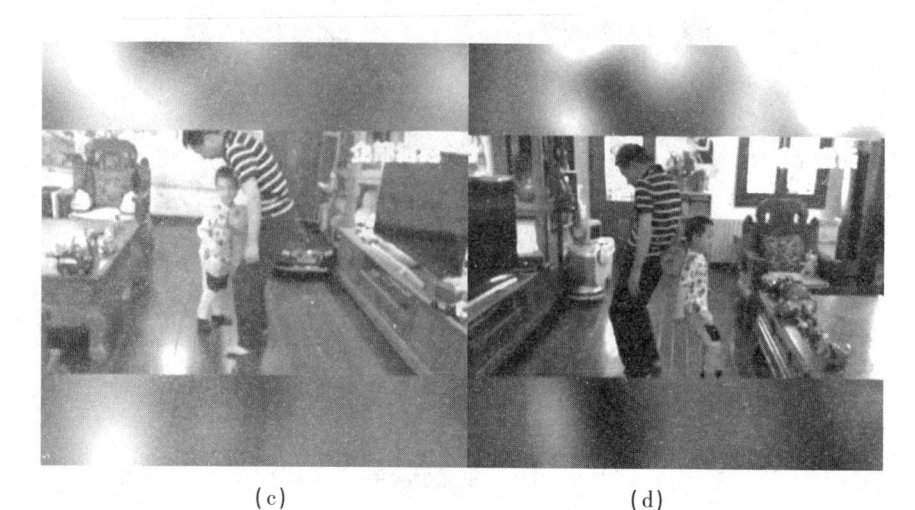

图 7　幼儿自发地和家长体验的亲子玩球游戏（续）

六、活动反思

本节活动"好玩的球"在游戏的设计上考虑到幼儿的前期经验和当前幼儿的发展要求。通过反思并总结设计小班室内游戏的方法，积累设计室内体育游戏的经验。

（1）游戏趣味性。小班幼儿年龄小，在设计游戏时，应该思考增加游戏的趣味性，如滚球游戏可运西瓜、传球游戏可旋转摩天轮等。

（2）提问开放的设计。在游戏中，我设计的问题比较开放，如在滚球游戏中的问题，"小朋友们想一想，我们还可以用这个球绕过我们身体的哪些部位呢？"既然提出了问题，老师就不应该再展示滚球绕腿部的视频，否则会限制幼儿的思维，限制幼儿通过其他动作滚球的想法。

（3）示范提示的设计。示范提示主要面对的是家长和幼儿，对家长应体现出专业性，如在准备活动的过程中告知家长做身体活动的目的，示范主要动作时，告知家长该动作发展了幼儿的什么能力、如何指导幼儿的动作等。

根据这个亲子体育游戏和之前设计的体育游戏，我总结了小班设计室内游戏的方法：

（1）思考幼儿年龄特点和掌握该动作的前期经验。（考虑游戏动作的落点）

（2）根据针对动作并结合材料特性设计游戏。（游戏目标）

（3）选择材料：材料适宜性，易找寻，简单好玩。（生活中的材料）

（4）准备环节：要有趣。（可通过谈话、游戏视频）

（5）活动内容：情景趣味化，科学化。（依据幼儿的动作发展规律，动作的

设计应从易到难，体现层次性）

（6）发挥幼儿的主动性，探索新玩法，培养幼儿的创新能力。（延伸游戏、一物多玩的游戏）

以上便是我结合小班室内亲子游戏"好玩的球"和制作的其他室内体育游戏，归纳和总结的室内游戏的设计方法，可能有不太适宜的地方，我觉得方法不是模式，所有的模式都有不确定性，我将通过不断地实践去摸索总结。我想，只要我勤思考，多反思，敢实践，会不断地在游戏中摸索到新的方法，从而不断地完善室内体育教学的经验、方法，慢慢积累并收获成长。

营救蛋宝宝

申请人简介：我叫彭姝蕊，毕业于中央广播电视大学，本科学历，擅长唱歌、画画、手工等。

在任教期间我利用业余时间，获得了小教二级职称、蒙台梭利教育资格证书、保育员中级职称证书、教师资格证书、全国计算机应用等级考试证书、奥尔夫音乐教学法证书、学前教育系统2017年度优秀幼儿教师证书、全国幼儿教师技能大赛观察记录一等奖、"当代杯"教案比赛二等奖、一二五继教证书。在幼儿园市级示范验收时，我临危受命到验收班工作，较好地完成了验收任务，为幼儿园评定市级示范园做出了贡献。

所在单位：应急管理部机关服务中心幼儿园

适用班级：幼儿园小班

一、活动设计意图

（一）本班幼儿投掷水平状况分析

投掷是幼儿园体能测试六项中的一项，是发展幼儿上肢力量的一个基本动作，本班幼儿上学期的投掷项目为较弱的一项，经过半学期对投掷能力的锻炼，本班幼儿已经逐渐能够进行一些简单的基本的投掷动作，如正面胸前抛、肩上投掷等，但由于小班幼儿投掷能力较差，力量小，且还不会挥臂，因此本班幼儿在进行投掷活动时主要的表现为：幼儿在投掷时出手角度过小，往往会出现将投掷物向地上扔或者投不远的现象，投掷的方向也掌握不好，忽左忽右，忽上忽下。

（二）设计本游戏的目的与思路

投掷动作的反复练习容易使幼儿感到机械、单调，所以为了激发幼儿的投掷兴趣，提高幼儿的投掷能力，我设计了营救蛋宝宝这个体育游戏，通过设计老师扮演鸡妈妈告诉扮演小动物的幼儿自己的蛋宝宝被大老虎抢走了，让幼儿帮忙营救蛋宝宝的情景，幼儿更有参与的兴趣，有趣的游戏情境符合小班幼儿的心理特点，在幼儿感兴趣的基础上让幼儿都能投入游戏，在游戏中锻炼幼儿的投掷能力，让幼儿通过游戏掌握肩上投掷的基本方法（两脚前后开立，左脚在前，右手持投掷物屈肘于肩上，肘关节向前，眼看前方，然后蹬腿、挥臂、甩腕，用力将物体投出）。在游戏过程中，使幼儿能够遵守老师提出的简单的规则，愿意参与到体育游戏中，并且能够体验体育游戏所带来的快乐，在愉快的游戏过程中完成教学目标。

二、活动目标

（1）在游戏的情境中，练习投掷，掌握肩上投掷的基本方法，发展幼儿综合运动的能力。

（2）充分利用环境与材料使幼儿练习投掷的动作，提高其手眼协调能力。

（3）培养幼儿自主探索、勇于创新的精神和团结合作意识，体验与同伴一起游戏的乐趣。

（4）在游戏中能遵守简单的游戏规则，对体育游戏感兴趣。

三、活动准备

小球、套圈、拱形门、垫子、投掷目标（纸杯、模型纸箱）、塑料瓶若干。

四、活动内容

（一）活动开始

1. 老师扮演鸡妈妈引起幼儿的兴趣并引出游戏的主题

引导语：嗨，可爱的小动物们，你看你们在草地上面玩得多开心呀，我是鸡妈妈，有一天我带着我的蛋宝宝们在草地上玩，凶猛的大老虎来到这片草地上了。大老虎抢走了鸡妈妈的蛋宝宝们，我想请你们帮我把我的蛋宝宝们救回来，你们愿意帮助我吗？让我们赶快一起去救他们吧。

2. 热身运动：做准备运动，活动身体

老师："小朋友们，在去打败大老虎之前我们要先活动一下自己的身体，这样一会儿我们能更加灵活地对付大老虎，现在大家跟着我活动一下身体吧，等会儿才能表现得更好哦。"

老师带领小朋友们一起做热身活动，鼓励幼儿大胆地跟老师一起做动作。

小鸟飞，飞啊飞，拍拍翅膀飞啊飞。（上肢运动）

小鸭走，走啊走，摇摇摆摆走啊走。（下蹲运动）
小象走，走啊走，甩甩鼻子走啊走。（俯背运动）
小马跑，跑啊跑，嗒嗒嗒嗒跑啊跑。（跳跃运动）
指导重点：让幼儿充分活动身体，重点活动手臂、肩部等部位。

（二）活动过程

1. 游戏：小动物练本领

（1）老师带入情境引起幼儿投掷的兴趣：小动物们要救蛋宝宝必须练好本领，这样才能更快地打败大老虎。

（2）请幼儿自由选择材料进行投掷，投掷时能够做出单手向上方投掷、远处挥臂等动作，看谁投得又远又准。

（3）老师与幼儿交流讨论：你刚才投中了哪个目标？你是怎么投的？你用了哪些工具？你们在练的时候发现了什么秘密？怎么才能投得很远？老师引导幼儿说出自己投掷的方法，鼓励幼儿大胆表达。

示范提示：两脚前后开立，左脚在前，右手持投掷物屈肘于肩上，肘关节向前，眼看前方，然后蹬腿、挥臂、甩腕，用力将物体投出。重点讲解曲臂肩上投掷，投掷工具出手方向要向前上方，不能向下砸。

（4）幼儿再次练习，老师鼓励幼儿选一个还没用过的工具练习，要不怕失败，敢于挑战最远最小的目标。老师巡回指导幼儿，确保摆臂以及肩上投掷动作的准确性。

指导重点：老师教给幼儿正确的肩上投掷的方法，两脚前后开立，左脚在前，右手持投掷物屈肘于肩上，肘关节向前，眼看前方，然后蹬腿、挥臂、甩腕，用力将物体投出。

2. 游戏：营救蛋宝宝

（1）布置任务：勇敢的小动物们，我们出发吧！我们必须按照路线去救蛋宝宝们。（老师示范并讲解规则）

（2）小动物们要双脚跳过这些荷叶，钻过桥洞，再跳过荷叶。这时发现了老虎的守卫兵，但是小动物们别害怕，拿起炮弹扔向它们，一定要投准。

（3）现在来到了一片丛林，小动物一定要手膝着地爬，一定不能站起来，要不然会被老虎发现的，因为我们快到老虎的家了，而且速度要快。（提醒幼儿注意和前面的幼儿保持安全距离，避免踢到对方发生危险。）

（4）我们到达老虎的家了，趁它现在还在睡觉，小动物们快打它，这样才能救出蛋宝宝，打它的眼睛和嘴，还有它旁边的机器人。

（5）终于消灭了它们，能救出蛋宝宝了。每个小动物只能救出一个蛋宝宝，救完之后我们要原路返回。

（6）若时间充裕，游戏可重复进行 2~3 次，老师可根据幼儿掌握的情况调整难度。

（三）活动结束

我们胜利了，勇敢、聪明的小动物们救出了蛋宝宝，鸡妈妈特别感谢你们。鸡妈妈带小动物们抖抖手、抖抖脚（舒展运动），一起学小鸭子摇摇摆摆走回教室。

五、活动延伸

可根据幼儿的水平，调整更换目标物的位置（高矮）和距离（远近），让幼儿进行投掷练习。

六、活动反思

（一）幼儿通过本次体育游戏获得的收获

整个活动，幼儿参与的积极性较高。活动中幼儿学会了投掷的基本动作要领（两脚前后开立，左脚在前，右手持投掷物屈肘于肩上，肘关节向前，眼看前方，然后蹬腿、挥臂、甩腕用力将物体投出）。知道了遵守简单的游戏规则，提高了幼儿动作的灵活性、协调性。本次活动在锻炼幼儿投掷能力的同时还发展了幼儿手膝爬、平衡、双脚连续跳等技能。我设计了拯救蛋宝宝这一环节，让幼儿在拯救蛋宝宝时，尝试自己去分析问题、解决问题。在最后一个游戏中，我只是提供了材料，告诉幼儿用什么方法过竹梯，然后由幼儿自主行动。在设计活动时，我还注意活动的整合性，既有动作的整合，如在游戏"拯救小动物"中，幼儿可以用钻、爬、跳、跑等方法到达目的地，发展了幼儿综合运动的能力；又有运动与音乐的整合，如活动时音乐的变化，进而带来游戏情节的变化；还有运动与语言的整合，如让幼儿互相介绍自己打老虎的经验，在救蛋宝宝时对小动物说句安慰的话等。此外，情感的体验、个性品质的培养也贯穿在整个活动之中。通过游戏培养了幼儿勇于克服困难、勇于接受挑战的精神，初步培养了其关爱小动物的情感，在体育游戏中加强了幼儿的自我保护意识，等等，通过本次体育游戏幼儿得到了全面的发展。

（二）本体育游戏的优点

本次活动，通过"营救蛋宝宝"的游戏情景，让幼儿以小动物的角色参与其中，这是小班体育游戏的设计重点，在整个活动中我首先以兴趣为基础，活动设计充分考虑到幼儿的发展水平。《幼儿园教育指导纲要》中指出："要用幼儿感兴趣的方式发展其基本动作"，通过情境游戏培养幼儿对体育游戏的浓厚兴趣，培养幼儿对体育活动的兴趣是幼儿园体育的重要目标。所以情境的创设对激发幼儿的兴趣有很大的作用。在本游戏中，我根据幼儿的喜好创设了拯救蛋宝宝的游戏情景，让幼儿化身成为自己喜欢的小动物的形象很好地融入了情景之中，而小班幼儿最喜欢的就是小动物，而且小班幼儿的年龄特点是很容易融入老师所创造的故事情节中。投掷是幼儿运动中一个基本动作，在活动中，为了克服单纯的动作技能练习，克服上肢运动中的运动量、运动密度得不到保证的缺陷，提高幼儿投掷的兴趣，把单一的动作练习变得有趣味，我抓住他们的兴趣点，设计了小动物练本领的环节。在设计第一次游戏时，大老虎是静止不动的，这是由于幼儿是在有角色、有情节的游戏中进行投掷活动的，他们不会感到活动是枯燥的。第二次游戏时，将老虎设计为移动的，增加了跑的内容，变立定投掷为跑动中的投掷，大大增加了活动的难度。这样做，既调动了幼儿的投掷兴趣，又使投掷活动中的运动量、运动强度等得到了保证，提高了锻炼的实效性。

（三）本体育游戏的不足

问题一：幼儿本身的个体差异是这次活动要解决的一个问题。虽然我们有一条统一的安全线，但是在设计老虎时，还是应该做到有大有小，有高有低，在放置时也要注意有远有近。问题二：道具提供得太统一没有选择性，可以改变投掷道具的轻重程度，让幼儿有自由选择的机会。在活动指导中，还可以根据幼儿能力的不同，设计不同的要求，如打到老虎、打中老虎的腿等。这样做可以尽量让每个幼儿在自己原有的基础上都有所发展。问题三：最大限度地挖掘幼儿的主体性是设计活动中要解决的一个问题。在新的课改下，老师自身角色有了根本性的转变，老师应是材料的提供者、活动的观察者、幼儿游戏的支持者，在体育活动中应充分挖掘幼儿的主体性。在活动中应考虑幼儿的自主性以及在材料准备中应该考虑到游戏材料多样且丰富，老师以幼儿的兴趣爱好为切入点，让幼儿充分体验游戏。在日后的游戏中，还可以让幼儿一起参与环境的创设与摆放，这样，在主动参与环境创设的过程中，使幼儿思维活跃，想象力和动手能力都得到发展，并对体育活动产生极大的兴趣。幼儿会十分愿意参与这类活动，这既是显示自己体能的一次机会，也是为集体出力的一次机会。本次活动还发展了幼儿锻炼大肌肉的动作能力、执行任务的能力、相互配合与合作的能力。

我是勇敢的小战士

> **申请人简介**：我叫王建晶，从事幼儿教育工作多年，性格开朗的我非常喜欢幼儿，喜欢与幼儿进行各种有趣的活动。在多年的教学工作中，我发现多样的活动形式可以更有效地达到活动目标，所以我不会拘于固有的教学模式，我喜欢创新，喜欢让幼儿接受有挑战性的活动，这样才能让幼儿在不同程度上得到发展。
> **所在单位**：北京朝莘蓝岛幼儿园（呼家楼园）
> **适用班级**：幼儿园大班

一、活动设计意图

（一）为什么要设计这个活动

（1）每次户外活动的时候，幼儿们总是在操场上跳地上的点点，幼儿特别喜欢跳这个动作，有的幼儿还在吹牛，你看我能跳两个点点，我能连续跳而且跳得比较快。

（2）有一次，女孩们看着菜菜老师的头绳都想摸摸，但是菜菜老师个子高，女孩们都使劲儿向上跳着去摸，我发现有的孩子可以摸到，而有的孩子却摸不到。

综合上述日常生活中的两个小动作，我决定设计一节关于跳跃的体育课程，从而促进幼儿跳跃能力的发展。

（二）队列动作的变换

（1）能跟随音乐进行队列练习。
（2）通过老师随机指挥，能进行队列变换。

（三）设计不同难度的游戏

巩固曾经练习的内容，能够有所创新地进行游戏，通过不同难度的游戏设计激发幼儿对活动的兴趣，满足不同程度幼儿的发展。

（1）在中班时幼儿已经练习过匍匐爬行，这次增加难度进行练习，通过活动可以看出幼儿对于匍匐爬行的动作要领的掌握情况。

（2）在整个游戏过程中，可以通过练习，提高幼儿双脚连续跳和向上跳的能力。

（3）设计不同高度的"敌人"位置，使活动的难易程度不同，可以让幼儿根据自身情况自主进行选择，满足幼儿对于向上跳跃不同高度的发展需求。

二、活动目标

（1）使幼儿积极参与体育活动，喜欢上有挑战性的活动内容。

（2）使幼儿在游戏中学会变换队形，有节奏地走，巩固幼儿匍匐爬行的动作，提高幼儿双脚跳跃的水平。

（3）培养幼儿勇敢、不怕困难的良好品质。

三、活动准备

（1）物质准备：音乐（常规走队音乐、欢快音乐、舒缓音乐各一段）、小凳子、垫子、跳跃软梯、小呼啦圈、绳子、小夹子、小框、自制"敌人"图片若干（海盗、蒙面人的卡通人物图）。地上提前根据幼儿分组情况画好标志线。

（2）经验准备：了解军人训练的模式和内容，知道军人具有的不怕苦、不怕累、团结一心的优秀品质。

四、活动内容

（一）活动开始

活动开始的热身环节约为5分钟。

（1）听音乐进行常规走队练习。

（2）根据课程内容，将走队练习增加难度，随音乐增加一些上肢活动，为匍匐爬行做好准备活动。

（3）听音乐节奏进行膝盖、脚腕的活动准备，做基本的跳跃练习。

（二）活动过程

活动过程约为20分钟。

1. 引入环节

老师："昨天我们观看了解放军训练的视频，你们还记得吗？"

幼儿："记得。"
老师："解放军就像勇士一样，非常的勇敢，你们觉得解放军棒不棒？"
幼儿："棒，棒！"
老师："今天老师想请小朋友们也来当小勇士，我们一起去打敌人好不好？"
幼儿："好！太好了！"

2. 老师介绍游戏规则

幼儿可自由分组，根据班级人数每组 6 人左右，老师可以根据幼儿原有能力进行平均分组。以 4 组为宜。

请分好组的幼儿在起始线准备，每组排好队，游戏过程需要一个接一个地进行。排队时，为了方便后面的幼儿可以观察到前面的情况，让幼儿沿线站好八字队，当听到老师口令"预备，开始"时，幼儿开始进行游戏，第一名幼儿快速跑到软楼梯面前进行双脚连续跳，跳过每个软梯格子，然后匍匐爬行通过"荆棘丛"，起身，双脚跳圈通过"沼泽地"，跑到"敌人"面前，向上跳跃用手摘"敌人"图片，摘下来后，右后转弯快速跑回队伍，和下一个人击掌，击掌后该人把"敌人"图片放入小框中，站到队尾排好，第二个人击掌后重复前一个人的各项动作。所有幼儿依次进行，哪一队最先完成任务即可获胜，游戏可进行 3~4 次，老师可以根据幼儿情况随时调整组队，确保每组都有获胜的机会。游戏场地布置如图 1 所示。（"敌人"图片的数量，一定是参与幼儿数量的 4~5 倍，每次结束后，配班老师将挂上新的一组"敌人"图片，图片挂的高低要有所不同，便于每位幼儿进行有挑战性的向上跳跃摘图）

3. 教师进行动作示范

老师按照游戏规则在场地上完整演示游戏过程。

4. 幼儿开始游戏

幼儿分组进行游戏，老师在旁指导。

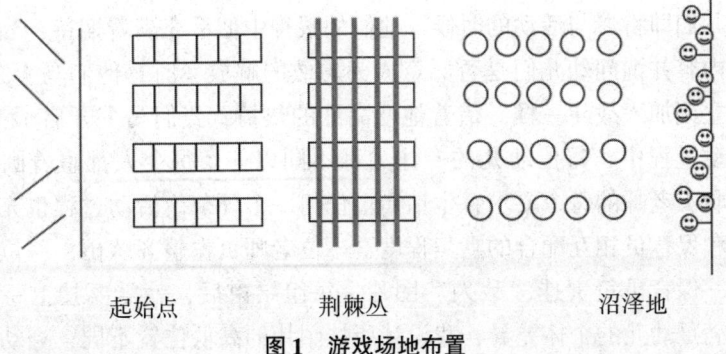

起始点　　　荆棘丛　　　沼泽地

图 1　游戏场地布置

（三）活动结束

活动结束的放松环节约为 5 分钟。
（1）播放欢快的音乐，庆祝打敌人获胜。（2 分钟左右）
（2）播放舒缓的音乐，进行腿部放松。（3 分钟左右）

五、活动延伸

将"敌人"图片挂在户外区域，幼儿可以随时进行跳跃练习。

六、活动反思

为了让幼儿在体能方面得到更好的发展，首先要了解幼儿的原有水平，通过原有水平分析，设计适合的活动方案，这样才更容易实施操作，更容易达到设定目标。一场优秀的教育活动，首先一定是幼儿喜欢参与的活动，在这次源于生活的教学活动中，幼儿们表现得非常兴奋，课程目标完美完成。

提到源于生活，这也正是我的设计意图，在日常户外活动中，我发现幼儿们特别喜欢蹦蹦跳跳，看到操场上的圆点点，幼儿们总是高兴地跳来跳去，看到树上垂落下来的树叶、老师头上的头花，幼儿们都会使劲儿向上跳，用手去摸这些高处的物品，因此我设计了这次"我是勇敢的小战士"的活动，活动以打敌人为目的，增强幼儿对活动的兴趣，提高其参与活动的积极性。在开展活动的前一天，我首先带领幼儿们观看了一段小视频，视频内容主要是解放军训练的过程，他们在泥泞的水土里摸爬滚打，不怕脏不怕累，为的就是可以在战场上战胜敌人，保卫祖国。其实幼儿们在看视频的时候并不知道我设计了这样的活动，只是让幼儿们去感受解放军的勇敢和不畏困难的精神。

当幼儿们即将参与活动的时候，他们的眼神中似乎充满着期待，当我问起昨日的观看内容并询问幼儿们是否愿意成为勇敢的解放军时，他们马上兴奋起来，好像是想立刻加入战斗一样。借着他们高涨的热情，我们马上开启了教学活动，在整个活动过程中，每位幼儿的专注力都不同以往，每个人都瞪着圆圆的小眼睛，仔细聆听老师的每个要求，生怕错过任何一个环节。活动过程也充分体现了两位老师和保育员相互配合的默契程度，一位老师负责整齐队伍，一位老师负责保护安全，保育员负责挂"敌人"图片，每组结束后，就需要挂上一组新的图片，为了满足幼儿的个体差异，我设计所挂图片的高低位置不同，当幼儿跑过来向上跳跃的时候，他可以根据自身水平进行选择，高中低各有图片，幼儿自行选择去摘哪一个，此时的保育员需要引导幼儿，根据幼儿跳跃高度、身体高度等多方面因素去选择不同高度的"敌人"图片。

因为游戏过程是逐个进行的，所以游戏进行了两次后，幼儿们似乎没有出太多汗，说明强度还不够，第三次游戏的时候，我调换了幼儿位置并增加了游戏速度，当第一个人连续跳过软梯刚刚开始进行匍匐爬行的时候，第二个人已经开始双脚连续跳跃向前了，这样就加快了游戏的速度，减少了等待的时间，一轮下来之后，他们明显有些累了，但是兴趣高涨的他们依然不肯停止游戏，最后我再一次增加了游戏难度，结束第三组的过程后，把摘下"敌人"图片时向右后转身跑回起点的动作，改为双脚连续跳，跳回起始点，这一组游戏结束了，把他们累得够呛，可是他们的嘴里却嚷嚷着"不累不累"，此时，副班老师放起了欢快的音乐，我们随着音乐舞动着身躯，所有的幼儿为本小组打下来敌人而欢呼雀跃，音乐逐渐转变为轻松舒缓的钢琴曲，我带领着全体幼儿开始做舒展拉伸的动作，让他们的双腿逐渐放松下来，整个活动连贯地结束了。

《幼儿园教育指导纲要》中指出，幼儿园应把促进幼儿的健康放在首位。这决定了幼儿健康教育是幼儿教育中最为重要的组成部分，幼儿喜欢参加体育活动，参加活动时幼儿动作协调灵活，说明幼儿对体育活动充满了兴趣，兴趣又是幼儿学习的动力，是学习的推动器，是幼儿园健康教育的重要目标，也是引导幼儿主动参与活动的前提。在很多教学活动中，我们常常发现幼儿们的兴趣点很高，但持续时间很短，总是会有虎头蛇尾的感觉，这跟教师设计活动内容有很大的关系，一成不变的活动内容，必定会让幼儿感觉到无趣，简单易操作、没有挑战性的内容，长时间活动也会让幼儿感到乏味，一两次就不愿意再去参与游戏，所以在活动设计的过程中，我想到了这点，也考虑到了整个过程的随机变换性，让每组游戏都充满新鲜感和挑战性，因此整节教学活动，幼儿们的兴趣始终饱满。在活动过程中，还有一个小插曲，班里有一个小女孩叫琳达，动作灵活，但是个子很小，第一组游戏时，她在打敌人的时候怎么也够不到，这时保育员发挥了保教结合的关键作用，她在一旁鼓励着琳达，几次以后琳达依然够不到，保育员偷偷地降低了绳子高度，将"敌人"图片降低了，本来已经开始失落的琳达终于摘到了图片，重拾了信心，虽然这只是个小小的举动，却增加了琳达对活动的参与积极性，提高了她的兴趣，之后保育员再挂图片的时候都会观察琳达在哪个队，特意安排一个相对比较低的夹子夹图片，小琳达也不甘示弱，越玩越起劲儿，最后开始挑战高一些的"敌人"图片了。

作为老师，我们要学会倾听幼儿的心声，善于观察和鼓励幼儿，使他们能够大胆地尝试和探索，我们应成为幼儿学习的支持者、合作者和引导者，让幼儿在教学活动和生活中均可以得到全面发展。

我是小勇士

> **申请人简介**：我叫季玲，从事幼教工作已经有十四年的时间了。我认为作为老师最大的快乐就是看着孩子们纯真的笑脸，春天与他们一起欣赏五颜六色的花朵，夏天和他们一起聆听雨的声音，秋天和他们一同踩在铺满落叶的公园里玩着树叶大战的游戏，冬天和他们一起打雪仗或堆个大大的雪人，这是我作为一名幼教工作者最大的动力。比起坐在教室里，我更愿意让孩子们动起来，让他们通过游戏自主探索世界。
> **所在单位**：北京朝莘蓝岛幼儿园（呼家楼园）
> **适用班级**：幼儿园大班

一、活动设计意图

（一）引导幼儿掌握侧向投掷的动作要领

（1）让幼儿在不断尝试与探索中获得投掷和投准的好方法，分享交流经验。

（2）引导幼儿发现各个区域投掷活动的不同内容，使其从探索中积极主动地思考。

（二）发展幼儿手眼协调能力，控制住手的力量和方向

每个区域的活动都有目的地对侧向投掷动作进行针对性练习，例如，刚开始的抛接沙包环节，为后面的活动奠定基础，从投远到投准，逐层递进，由易到难。

二、活动目标

（1）通过学习控制投掷的力量和方向，进一步培养幼儿投准的能力。

（2）引导幼儿遵守游戏规则，感受运动中的挑战与快乐。

三、活动准备

物质准备：音乐《嘿嘿哈哈武术操》《加油呀》《你笑起来真好看》，沙包若干、地垫、怪兽图片、展示板等。

四、活动内容

（一）活动开始

（1）情境导入：小勇士们，我们要去打败怪兽，救助森林里的小动物，在打怪兽之前必须先练好本领，今天我们一起来练习投沙包打怪兽的本领吧！

（2）听音乐进行慢跑活动。

（3）队列练习：交叉并队走。

（4）热身活动《嘿嘿哈哈武术操》。

（二）活动过程

1. 体验环节

（1）抛接沙包，总结经验。

每个幼儿一个沙包，自由进行抛接沙包的游戏。幼儿反复抛接。老师："小勇士们向上抛接沙包吧，我们比一比谁能抛得高、谁能接得准？你们用了什么方法才把沙包抛得很高，接得很准呢？"

（2）复习投远活动，总结经验。

老师："在抛接沙包时有的小勇士能把沙包抛得很高，但是抛得越高就一定能投得越远吗？怎样投，才能投得更远打到怪兽呢？你们身体的哪个部位在用力呢？"

（3）幼儿边唱儿歌边进行分组投掷，一组幼儿投时，引导另一组幼儿进行仔细观察。抛接沙包游戏如图1所示。

(a)

(b)

(c)

图 1　抛接沙包游戏

(d)

(e)

图1 抛接沙包游戏（续）

（4）投掷儿歌。

手拿沙包在肩上，两腿分开前后放。身体向后仰一仰，用力蹬地投向前。

2. 练习提高环节

（1）介绍游戏挑战区。

①投远游戏：小朋友们，我们的小勇士要出发去打怪兽了，今天我们来到了不同怪兽的家，让我们一起来看一看。地上设置了许多不同怪兽的家，投掷后，请小勇士们统计各种怪兽家内沙包的数量。

②投板游戏：小勇士们，你们看有很多怪兽站在森林里（固定住的不同远

近、高低的板子），打中怪兽为胜利。

③移动瞄准：不同的怪兽向我们走来啦，老师手持板子，按3.5米、4.5米、5.5米水平直线行走，小勇士们手持沙包，打中移动中的怪兽为胜利。

④投准游戏：快看！滑梯上还有许多怪兽（大型玩具上贴了大小不同、高低不同的怪兽图片），小勇士们手持沙包，打中图片者为胜利。

（2）提问。

①在怪兽的家里（投远区），怎样才能投到最远的怪兽的家呢？

②在森林里出现的怪兽有什么不同（三个投准区）？

③怎样投才能投准（力量、方向）？

（3）重申游戏规则。

今天我们要组成四支勇士队，每队选出一名队长，每队要参加四组投掷挑战，队长投掷并记录小组投掷数量，每位小勇士两个沙包，然后分工收拾挑战场地，当音乐响起时，小组间互换挑战场地，比一比哪组小勇士得分最多。

（4）幼儿分组进行挑战游戏。老师观察幼儿游戏情况，适时进行指导。

（5）活动小结。

老师与幼儿共同分享投掷结果，对比每组投掷记录表，每队幼儿介绍自己的情况。观察统计表，进一步总结投掷方法（可带幼儿回班进行交流总结）。

（6）游戏：流星球。

小勇士们有一个新的挑战，小勇士们要化身为一颗颗小流星，老师是流星球，小流星要在两道安全线内躲闪跑，被打中的流星坠落后请回到老师的身边去做放松练习。

（7）收拾场地，活动结束。

五、活动延伸

老师扮演裁判站在场地中央，幼儿自由分成相同人数的两组，分别扮演投包手和接包手。裁判（老师）先让扮演投包手的一组幼儿每人从场地一侧的筐中拿四个沙包放在自己脚下，背向里圈站在外圈线上等待；再让另一组扮演接包手的幼儿到场地另一端拿奶箱、每人双手端着一个奶箱面向外圈站在里圈线上等待。里外圈幼儿两两结对，当听到裁判吹哨，外圈投包手拿沙包左右手轮流向后依次投掷；里圈的接包手看准沙包扔来的方向，用奶箱接住沙包。直到所有的沙包都投完，裁判吹哨表示游戏结束，大家一起数一数，看谁接的沙包多，多者获胜。

六、活动反思

在游戏中,幼儿可以清楚地认知本次游戏的重点,由于大班幼儿有着勇于探索的精神,又考虑到每名幼儿的个体差异,老师在指导投远和投准活动中运用不同的材料和策略进行指导,由浅入深。在活动开始环节,首先让幼儿了解本次活动的内容,激发幼儿参与活动的兴趣,为幼儿提供充分的条件和机会,通过慢跑和热身运动,舒展幼儿身体,循序渐进地引导幼儿进入活动,然后从最基础的抛接活动进行练习,再分组进行活动。幼儿通过观察同伴的投掷方法,总结自己的投掷经验,主动观察,互相探索。分区域活动体现出活动由浅入深的特点,让每位幼儿通过不同的训练,都有了提升,使每位幼儿在原有基础上都有进一步的发展。在运用故事形式讲述游戏规则的过程中,幼儿能认真倾听,了解游戏规则,在与小朋友们商讨的过程中,能积极思考,大胆表达。

幼儿在分组游戏中学会了与同伴友好相处,共同游戏,当同伴遇到困难时,会主动给予同伴关心与帮助,还有了初步的竞争意识。幼儿作为游戏的主体,在游戏中上肢力量得到了健康发展,心理需求得到了满足。

这堂课也有一些不足的部分,需要在以后的活动中慢慢改进。在幼儿自由练习时,老师没有及时纠正幼儿投掷姿势的错误,没有强调有些投掷动作中出现的问题,并进行有针对性的指导。在延伸活动中,可以让幼儿自己设计图纸,布置场地,进一步发挥幼儿的主体性,还可以继续探究沙包的多种玩法。在游戏活动里,应该加强幼儿安全教育,提高幼儿自我保护的能力和意识。在最后小结时,还应该不断提高自己的总结能力,也可以把小结活动放到班级中。

陆地快艇

申请人简介：我叫徐世鹏，男，26岁，毕业于哈尔滨剑桥学院，有三年的一线教学经验，期间担任过体育教师和带班教师，对幼儿健康发展有一定研究。我积极参加园所和区里组织的培训，同时阅读了大量教育类书籍，不断地完善自己，提高自身素质。我喜欢体育运动，时刻保持阳光活力的心态，并把这种激情带到教育教学活动中。

所在单位：物资机关幼儿园

适用班级：幼儿园大班

一、活动设计意图

近年来，我国幼儿的身体素质在逐年下降，这是由社会、学校、家庭等诸多方面的因素导致的。近几年尽管幼儿园、家长对幼儿体能锻炼的意识有所提升，但更多的是锻炼幼儿的跑、跳等动作，没有意识到上肢训练的重要性。从社区和公园的锻炼器材投放上也可以看出，下肢锻炼的器材占大半，对于少数的上肢锻炼器材，家长出于安全方面的考虑，也会避免让幼儿进行尝试。

幼儿园在开展户外体育活动时，容易顾此失彼，重视单方面能力的发展而忽视了幼儿全面的发展。幼儿动作的灵活性及平衡能力相对较好，但上肢力量和耐力明显较弱，这在玩投掷游戏时有明显的体现。我根据自身性别和性格特点等因素，在体育活动的设计与实施中，设计的有困难和有挑战性的运动游戏相对较多，这类活动对力量和耐力等素质的要求更高，女老师出于安全方面的考虑，往往会避开这类活动。

《3～6岁儿童学习与发展指南》健康领域目标中指出，5～6岁儿童能双手抓杠悬空吊起20秒；能单手将沙包向前投掷5米左右。结合本园幼儿实际情况和即将来临的端午节，我设计了本节活动"陆地快艇"，最大限度地支持和满足幼儿的需要，促进幼儿全面发展，为幼儿上肢力量的发展创造机会。

二、活动目标

(1) 掌握拉拽、抓握等动作技巧，锻炼幼儿上肢力量及身体协调性。
(2) 通过游戏竞赛，培养幼儿的竞技能力，提高其上肢力量以及动作的灵敏性、协调性。
(3) 让幼儿喜欢上体育游戏，培养幼儿坚持不懈、吃苦耐劳的优秀品质。

三、活动准备

(1) 物质准备：长绳子2根、体操垫若干、空旷的活动场地、音乐《向前冲》。
(2) 经验准备：了解端午节的相关习俗，知道吃粽子、划龙舟等习俗的由来。

四、活动内容

(一) 活动开始

(1) 队列练习——分队走。
(2) 热身活动——律动操。

(二) 活动过程

1. 问题导入，激发幼儿兴趣

提问：过几天就要到什么节日了？端午节都有哪些习俗呢？你们想不想来一次划龙舟比赛？

2. 通过幼儿喜欢的游戏活动，激发幼儿积极思考

(1) 游戏"陆地快艇"。

玩法：将多个体操垫沿直线摆放，一端贴在固定物体上；绳子系在固定物体上，拉成直线放在体操垫另一端，幼儿扮演快艇在体操垫上移动。幼儿分成两队，鱼贯进行游戏。

在游戏中，幼儿的姿势和动作多种多样，有坐着的，有正着躺、侧着躺的，幼儿不断探索快速通过的方法，还会与旁边的幼儿分享。

（2）提问：有什么好方法让快艇快速通过呢？

小结：将身体重心向后移，左右手连续、有节奏地抓握和拉拽绳子。

（3）在游戏活动中发现问题及时调整。

做游戏时，幼儿的动作有明显的借力体现，表现为下半身有抬腿、扭动等动作，为了更好地锻炼幼儿的上肢力量，我对游戏规则进行了调整。

增加规则：在划船过程中，始终保持下半身放松，通过上肢力量使船移动。

（4）再次做游戏时，注意观察幼儿划船时身体的发力情况。

在幼儿做游戏时，老师跟着每名幼儿出发，将手放在幼儿腿上，提醒幼儿下半身放松，并对幼儿进行鼓励。

小结：通过再次做游戏，大部分幼儿已经掌握了动作技术、发力点等要领，能够快速通过；能力较弱的幼儿，在老师的陪伴和同伴的鼓励下，能够完整地进行一次游戏。

（三）活动结束

（1）通过竞技比赛，培养幼儿的竞争意识和抗挫折能力。比赛时需要幼儿高度集中精力，融合团队伙伴的智慧一起获得成功，认识到团队的重要性。

（2）放松活动。

活动身体各部位，重点是对手臂进行放松。

五、活动延伸

在游戏中，幼儿发现用力拉绳子移动的同时也会带着垫子移动，师生经过共同探讨之后，新的游戏产生了。在起始点，用垫子当快艇，人坐在上面，通过用力拉绳子，使快艇移动到终点。考虑到幼儿对这个游戏依然有很高的兴趣，可以开展第二次活动，以幼儿自创的玩法进行游戏。同时，在幼儿玩法的基础上，将游戏难度提升，两个人坐在垫子上同时移动，这需要同伴之间的相互配合来完成，在提升上肢力量的同时，还能与同伴进行积极交流互动和协作沟通，帮助幼儿树立和提高集体意识。

六、活动反思

本次游戏内容选材较好，能结合相应的节日设计游戏，有效地锻炼了幼儿的上肢力量。考虑到幼儿的兴趣特点，有利于调动幼儿的积极性，整个活动从幼儿的兴趣出发，注重综合性、趣味性，寓教育于生活和游戏之中。

老师活动中的激情能带动幼儿参与体育活动的热情，有利于调动幼儿的积极性。但我的教学语言不够规范，在日后的体育活动中要加强锻炼，教学语言要简洁、易懂，符合幼儿的年龄特点。

在教学活动中，要关注到全体幼儿。对能力强的幼儿要口头表扬，邀请其做示范，增强其自信心；对能力较弱的幼儿要陪伴和鼓励他完成动作练习，做到耐心指导。

要捕捉到幼儿的兴趣点，并对幼儿提出的新想法给予鼓励和支持。根据幼儿的兴趣和需要设计活动，在游戏探索中调动幼儿的兴趣，让每个幼儿都能主动发展。

春分播种

申请人简介：我叫佟安艺，男，是有七年教龄的一线教师，在班中我主要负责健康领域体育方面的活动，在2016—2019年我连续担任园中小足球队教练，并获得了北京市幼儿五人制足球比赛优秀教练的荣誉。在2019年参加北京市立方核优秀课例展示中，我获得了情景设计一等奖、展示第三名的好成绩，在园中出版的《小场地大教育》一书中我也有论文案例发表。
所在单位：北京市东城区东棉花胡同幼儿园
适用班级：幼儿园中班

一、活动设计意图

中班幼儿已掌握了基本的投掷动作。《3～6岁儿童学习与发展指南》的健康领域目标为"具有一定的平衡能力，动作协调、灵敏；具有一定的力量和耐力"。对4～5岁幼儿的发展目标明确提出"能单手将沙包向前投掷4米左右"。对于中班下半学期的幼儿来说，他们前期已经掌握了一定程度的投掷动作技能，但对高度和力量的掌握并不是很理想，存在个体差异，尤其是在投掷时向前向上方面，幼儿的出手角度掌握得并不是很好。中班幼儿在投掷活动中能达到基本的投掷水平，但对上肢力量的控制不够熟练。结合中班幼儿的发展水平和投掷游戏的教育理念，以及环境的特点，我设计了此次活动，将节日节气与投掷运动相结合。本次活动，以春分播种为背景设计了三个游戏环节，帮助幼儿从不同角度练习投掷的高度与上肢力量。

二、活动目标

（1）在游戏中感受高低、远近不同的出手角度，能用力向前上方投出。
（2）在游戏中尝试掌握投掷时的出手角度与挥臂力度。
（3）通过活动启发幼儿的环保意识。
活动重点：能在不同高度的情景下，用力将"种子"向前向上投出。

活动难点：挥动手臂伸直到最高点时投出沙包。

三、活动准备

（1）物质准备：自制种子若干，分两类（用沙包和异形球制作）；梯田情景（地垫、布）；音乐。

（2）经验准备：幼儿前期有基本的投高投远的经验；知道什么是春分播种，什么是梯田。

四、活动内容

整体活动是以春分播种为主线，通过高的梯田、远的梯田、分组比赛的方式完成对活动目标的突破。整个游戏分为三个部分，第一部分是活动开始前期准备部分，主要是帮助幼儿活动身体关节以防受伤。第二部分是主要的游戏环节，其中还分成三个部分，一是投高练习，有高低位置难度调整的练习；二是投远练习，在一定距离的基础上有难度调整的练习，可再次激动幼儿兴趣；三是分小组比赛部分，通过结合前两次的练习，以小组比赛的形式来帮助幼儿达到活动目的。第三部分是活动结束的放松部分，帮助幼儿放松手臂，达到缓解作用。下面将针对这三个部分详细阐述整体活动内容。

（一）活动开始（形式、目的）

此环节是引导幼儿做准备活动的环节，老师借助春分为梯田播种，将孩子们带入游戏情景中。在此环节中会有两个活动目标，一是激发幼儿参与的兴趣，二是保证幼儿的前期活动准备，如四肢关节的活动等。对此可用简单的音乐和上肢活动，让幼儿们活动上肢，达到热身的效果。此环节要用到互动音乐。

重点提问：

（1）小朋友们你们知道春分这个节气吗？你们知道梯田吗？

（2）播种前，请小朋友们和我一起做运动。

（二）活动过程

此环节是重点环节，在此环节中老师要完成对目标的把握。其中可通过三个互动游戏来帮助幼儿完成投掷练习。第一个游戏是投高练习，第二个游戏是投远练习，第三个游戏是投高、投远分组比赛，下面详细说明三个游戏的具体内容以及设计目标。

1. 游戏：投高练习

从悬挂物不同的高度，引导幼儿将手臂向上挥动感受力度以及出手角度。

在此游戏中，老师营造的是梯田播种的情景，幼儿要先观察悬挂的梯田应放入什么种子，选择好后再进行投高的练习。投高练习如图1所示。

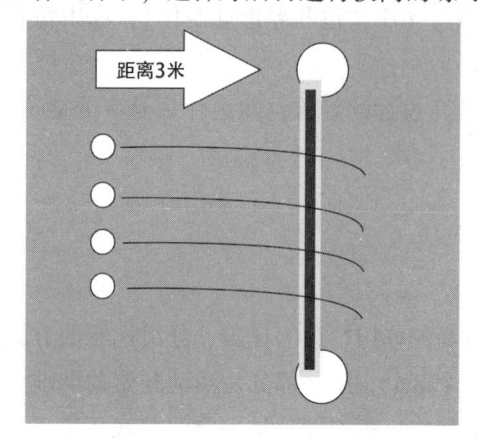

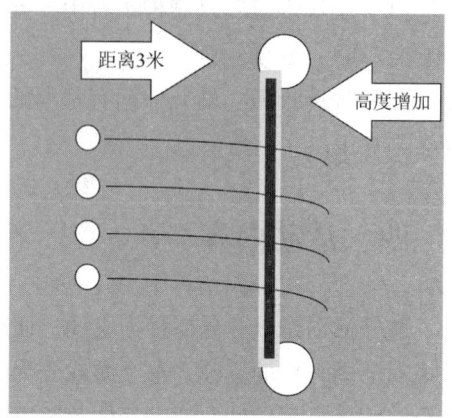

○：幼儿　○：圆柱　▮：布（梯田）

图1　投高练习

重点提问：

（1）这是什么梯田？应该播种什么样的种子？

（2）小朋友们，如何才能把应该投入这个梯田的种子捡起来？

（3）梯田有点高，手臂要怎样才能将种子投入梯田？

在整个游戏中，老师借用可调整高度的悬挂物引导幼儿将手中的物体用力投出，悬挂物的不同高度在无形中增加了幼儿投掷的难度。同时，在反复练习中，幼儿能够逐渐发现手臂不同摆动方式带来的不同效果。老师在语言引导中可以进行相应的提示，如手臂伸直、举过头顶向上投出等。对于幼儿不同高度的反差体验也能激发幼儿主动探索的兴趣，第一次高度较低的尝试能够满足幼儿在投掷中的成就感，第二次增加高度是对游戏的挑战，幼儿也能了解自己的出手角度，完全体现出幼儿在游戏中的主动性与探索性。

重点提问：

（1）我们的手臂和刚刚相比要有什么变化呢？

（2）试试看，当手臂挥到什么地方，种子投出去会投得很高？

如果幼儿不理解，老师可进行示范对幼儿进行引导。

2. 游戏：投远练习

根据梯田距离远近的不同，引导幼儿将手臂向上挥动感受力度以及出手角度。

在此环节中老师再次借助梯田，请小朋友们先观察，然后选择投掷的游戏情景。幼儿要先观察远处的梯田应播种什么种子，选择好之后再进行投远练习。投远练习如图2所示。

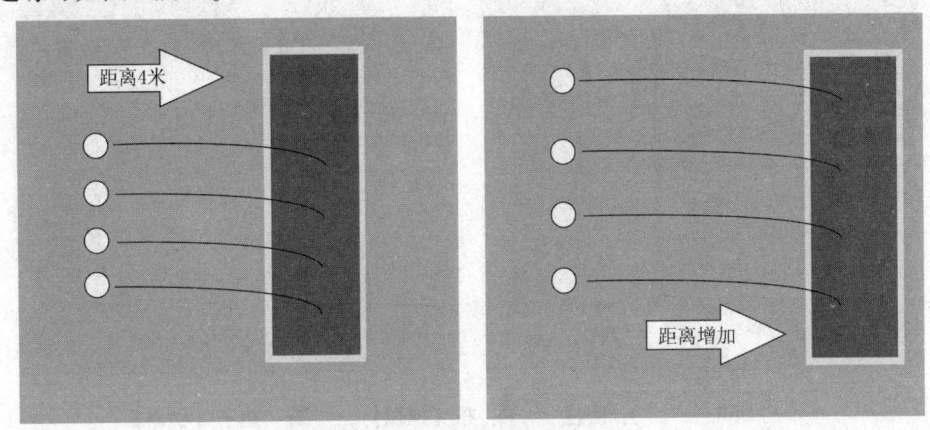

○：幼儿　■：垫子（梯田）

图2　投远练习

重点提问：

（1）你们来看一看这回我的梯田种的是什么种子？

（2）这梯田有点远，手臂要怎么挥动？挥动到什么位置才能将种子投入梯田？

在整个游戏中，老师借用可调整距离的"梯田"引导幼儿将手中的种子用力投出，"梯田"的不同距离无形中增加了幼儿投掷的难度。反复练习幼儿能够逐渐发现手臂用力不同带来的不同效果。老师在语言引导中可以进行相应的提示，如手臂伸直、举过头顶用力投出等。对于幼儿不同距离的反差体验也能激发幼儿主动探索的兴趣，第一次的距离尝试能够满足幼儿在投掷中的成就感，第二次增加距离是对游戏的挑战，同时幼儿也能了解自己的力量控制，自由练习能体现出幼儿在游戏中的主动性与探索性。

重点提问：

（1）这么远的距离我们的手臂和刚刚相比要有什么变化呢？

（2）试试看，手臂伸直到什么位置挥动，投出去会投得很远？如果幼儿不理解，老师可进行示范对幼儿进行引导。

3. 游戏：投高、投远分组比赛

从物体高度、距离两方面引导幼儿进行投掷游戏，从中掌握投掷力度以及出手角度。

此游戏中老师借助前两次的梯田，在不同高度、不同距离帮助幼儿在投高、投远的基础上尝试将物体投远。在老师的带领下幼儿分组进行游戏，为了增强幼儿的规则意识，游戏按先投高、再投远的顺序进行投掷，引导幼儿在游戏时进行选择，不能把种子种错梯田。投高、投远分组比赛如图3所示。

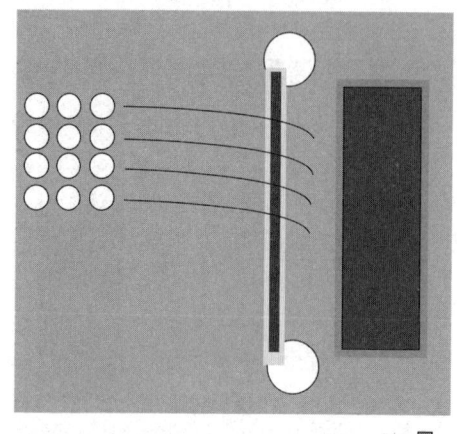

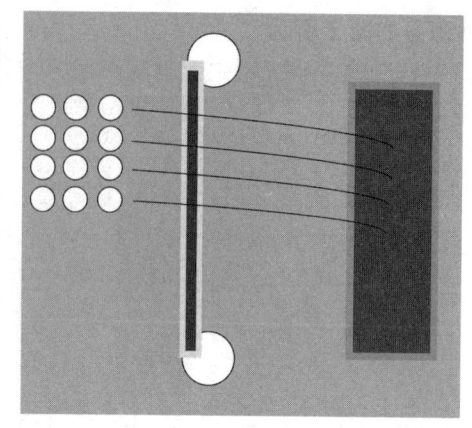

○：幼儿　　○：圆柱　　▮：布（梯田）　　■：垫子（梯田）

图3　投高、投远分组比赛

重点提问：

（1）这回我们要种两种梯田，你们看一看在哪里？

（2）请你们分为4组，按先高后远的顺序为梯田播种，注意种子不能种错梯田，先完成的小组胜利。

（3）梯田有高有远，还有顺序，手臂要怎么样才能将种子投入梯田？

按照老师的要求，幼儿能够调动出前期游戏的动作经验，并运用到这一游戏中，同时与之前游戏不同的是，老师将前两种游戏同时加入，不仅是投高还需要投远。第一次游戏结束后老师总结，提问幼儿有什么好的方法可以帮助他们成功，可请1~2名幼儿示范动作。幼儿能够相互模仿、相互探索，并找到适合自己的投掷方式。

重点提问：

（1）梯田有高有远，我们投的时候动作和力量一样吗？

（2）高的时候和远的时候我们的手臂要有什么变化呢？

（3）我们再来比一次，看看这回哪组小朋友能胜利？

（三）活动结束（形式、目的）

在这一环节中老师还是以春分播种为题，在老师带领幼儿做舒缓动作的同时，把活动材料收好，改变以往的自然结束，让幼儿参与到回收材料的过程中，借助播种的情景引导幼儿回收"种子"，培养幼儿爱惜食物的意识。让幼儿们完整地融入游戏，做游戏的参与者，做游戏的主人。同时，将不同领域融合在一起，体现五领域相互融合的教育理念。

重点提问：

我们都为梯田播种好了，但是有好多种子没有种到田里，我们能浪费吗？现在我想请小朋友们分两组帮我把它们捡回来然后带走好不好？

五、活动延伸

游戏还可以以循环方式进行，在游戏最后可根据幼儿的能力发展加入播种投准，游戏在幼儿园屋内和屋外进行环境创设，变成像户外活动循环区一样的方式进行。另一种游戏是采用过关的形式进行，每成功一关就可以进入下一关的游戏，通过以上两种方式的游戏延伸依次锻炼幼儿的投掷能力以及上肢力量，促进幼儿肌肉的发展。

六、活动反思

（1）活动将投掷技能与节日节气相结合，以春分播种为主线贯穿于整个游戏中。

（2）以不同材料、不同高度、不同距离的环境创设及小组游戏等形式激发幼儿的参与兴趣以及在游戏中的挑战精神。

（3）材料的分层投放满足了不同幼儿在技能差异上的需要。

（4）不同领域相互融合，如体育与社会领域。

（5）男老师在示范动作时更有力度，更吸引幼儿的眼球，更容易让幼儿观察到应该注意的动作要领。

灭五毒

> **申请人简介**：我叫胡子义，男，是东棉花胡同幼儿园的一名老师。我擅长体育方面的教学，多篇论文曾获得市区奖项。我还担任园里的足球教练，并带队荣获区里第二名及市里第四名的好成绩，被评为特色教师。
> **所在单位**：北京市东城区东棉花胡同幼儿园
> **适用班级**：幼儿园大班

一、活动设计意图

大班幼儿由于年龄关系和身体发展水平，生长发育存在着明显的个体差异，《3~6岁儿童学习与发展指南》健康领域动作发展目标为"具有一定的平衡力，动作协调、灵敏"。大班幼儿在动作方面已经具有一定的平衡能力，动作的协调性和灵敏性也逐渐增强，但动作的标准度和自控能力还较差，尤其是在投掷方面。大班幼儿上肢投掷动作标准度有所欠缺，使投掷时力度不够，最终导致大部分幼儿的投掷距离不够理想。笔者结合本园的传统教育特色与传统节气谷雨习俗，营造游戏情境，增强幼儿参加本次投掷活动的兴趣。通过本次活动，旨在提升幼儿上肢投掷动作的准确性和投掷的距离，与此同时增加幼儿对传统节气的喜爱之情。

二、活动目标

（1）掌握肩上挥臂投掷的连贯动作。
（2）发展幼儿上肢力量及身体协调性。
（3）激发幼儿对投掷活动的兴趣。
活动重点：掌握肩上挥臂投远的基本动作。

三、活动准备

（1）物质准备：将五毒图片贴在垫子上，然后将图片串线吊挂在铁丝上，沙包和网球每人1个，地垫6个。

（2）经验准备：幼儿了解谷雨习俗，知道五种毒虫，幼儿有前期投掷的经验。

四、活动内容

活动主要分为三个部分：第一部分为活动开始的准备环节，进行"变队走"队列练习和做"沙包操"，让幼儿活动全身充分热身。第二部分是活动过程，玩游戏"灭五毒"，幼儿上肢投掷动作的标准度练习及投掷距离的练习。第三部分是活动结束环节，让幼儿躺在垫子上和老师一起放松上、下肢。

（一）活动开始

首先老师带领幼儿由一路纵队走入操场，走至操场后侧四个白点处踏步，听老师口令后进行分队，四队幼儿排队跟随老师向前走，走到自己白点处踏步，听老师口令变换成两队，最后分成四队立定，做"沙包操"。这一环节主要是带领幼儿活动全身，充分热身，为第二环节投掷动作的练习做场铺垫。

重点提问：

老师："小朋友们你们知道谷雨这个节气有什么习俗吗？

小朋友们看前面是什么？那我们今天来打五毒吧？

老师给小朋友们准备好了武器，咱们先来熟悉一下它们吧！"

（二）活动过程

游戏1： 幼儿体验投掷时手臂先弯曲再向斜上方挥出的感觉，首先将幼儿分成两队，每队分别站在吊挂壁虎图的下方，图片高度设置为幼儿伸手垫脚能摸到，引导幼儿用沙包拍打五毒的图片，并提出问题让幼儿自己尝试。

重点提问：

老师："壁虎如果爬到了墙上，小朋友们怎么办呢？

我们可以直接用手去拍它吗？如果不能，我们怎么办？

是手臂伸直去拍打壁虎，还是先弯曲手臂再去拍打壁虎呢？"

游戏2： 幼儿练习肩上投掷的动作，体验转腰和挥臂用力的感受。

老师出示地垫上更大的五毒图片，然后出示网球，引导幼儿用更坚硬的武器敲打垫子，老师边示范边讲解：脚前后分开，双手随脚的方向打开，拿球的手弯曲，然后转腰向前挥手敲打垫子。

两排幼儿面对面站立，一组小朋友拿起地垫，胳膊伸直放在身体的正前方，另一组小朋友拿起网球，用投掷的动作敲打地垫上的五毒。练习十次后幼儿交换角色再次练习。

通过这两个环节练习幼儿上肢的力量，可在这个环节的最后加入一个放松的小游戏，让幼儿相互用球轻轻敲打对方的胳膊等部位，放松手臂以便更好地完成后面的游戏。

重点提问：

老师："小朋友们看五毒又到哪里去了？

这种毒虫的防御力更强，所以我们要用新的武器来对付它们，脚前后分开，双手随脚的方向打开，拿球的手弯曲，然后注意观察老师的腰和手臂是怎么做的。

本环节运用了示范法，老师通过动作的展示，让幼儿通过观察的方法注意到敲打垫子时，腰部转动以及手臂挥动的动作。然后让幼儿相互练习，体验投掷时转腰和手臂挥动的动作。

游戏3： 巩固幼儿肩上投掷动作，尝试更远的投掷距离。老师出示立好的垫，即五毒的老窝，引导幼儿在安全线后向老窝投掷网球，投掷后可以捡回被五毒扔回的网球，回到安全线继续投掷，投掷3~5分钟后老师暂停游戏，鼓励幼儿，五毒因为害怕我们，将老窝向更远的地方移动了，游戏情境要求幼儿站在安全线后向老窝进行投掷，再次做游戏3~5分钟，幼儿将五毒赶跑。

重点提问：

老师：小朋友们刚刚得到了消息，五毒的老窝就在附近，但是离五毒老窝太近了会被他们发现的！我们应该怎么办？

投新武器的时候我们应该注意什么呢？谁能做一做？

小朋友们投出去的炸弹好像有效果了，五毒的老窝向后转移了，但是为了小朋友的安全，我们还是在安全线后投掷炸弹，你们还有信心投到五毒的老窝吗？"

（三）活动结束

幼儿躺在垫子上和老师一起放松上、下肢。老师将幼儿带到五毒的老窝，将没有五毒的垫子一面向上放倒，幼儿躺在垫子上，放舒缓的音乐，听老师口令做动作，轻轻拍打手臂，手臂伸向各个方向抖一抖等。

重点提问：

老师："小朋友们毒虫没有了，咱们去看看毒虫的老窝吧！"

五、活动延伸

在幼儿到达毒虫老窝前设置一些障碍，幼儿通过障碍到达标志线，进行投掷。

六、活动反思

（1）本次活动的重点是让幼儿掌握肩上挥臂投远的基本动作，通过游戏1的情境让幼儿感受手臂弯曲向斜上方挥出的动作，然后通过游戏2的情境让幼儿把球拿在手里，感受投掷时转腰、挥臂的动作。最后通过以上两个游戏的学习，突破本次活动的难点，幼儿通过对动作的学习，使自己的投掷动作更加准确，从而增加投掷距离。

（2）此次活动设计了男老师最擅长的示范法，男老师在示范动作时更有力度，更吸引幼儿的眼球，更容易让幼儿观察到应该注意的动作要领。

（3）在本次活动第二个游戏环节后，还设计了一个互动式的小游戏，既可以放松幼儿的身体，也可以放松幼儿的心情。

（4）这次活动将本园的传统教育特色与传统节气相结合，借助传统节气谷雨习俗，营造游戏情境。

戏游端午

申请人简介：我叫周雨薇，女，已有十年工作经验。我作为园所骨干教师承担着尊重、体育两个市级课题，被全国和谐德育研究与实验总课题组、中国伦理学会德育专业委员会评为先进实验教师、东城区教育新秀，我发表的多篇经验论文荣获市级、区级一、二、三等奖。
所在单位：北京市东城区东棉花胡同幼儿园
适用班级：幼儿园小班

一、活动设计意图

幼儿教育是身心共同经营的一种教育形式，小班幼儿的体能发展在日常生活中处处能见到，走、跑、跳等是最基本的运动内容。然而幼儿的投掷动作在整体动作中掌握得并不理想，是现阶段小班动作发展的弱项。《3~6岁儿童学习与发展指南》中的健康领域目标是"具有一定的力量和耐力"，对3~4岁幼儿的发展目标明确提出"能单手将沙包向前投掷2米左右"。对于小班下半学期的幼儿来说，前期已经有了一定程度的投掷动作技能的训练，但整体效果并不是很理想，个体差异较大，尤其是在投远方面，幼儿的挥臂力度与角度掌握得并不是很好。小班幼儿主要以感知体验为主，在投掷游戏中借助不同的游戏场景感受投掷动作的乐趣，进而掌握动作。

在活动中将园所传统节日的教育理念，以及园所环境的地理特点渗透其中，同时将传统节日与投掷活动相结合。借助传统节日端午节的习俗，设计游戏情景，通过做粽子、投粽子两个互动环节来帮助幼儿从不同角度练习投掷的角度与力度。在调动幼儿投掷兴趣的同时，加入了动作的练习，帮助幼儿发现挥臂动作的高度与投掷物体之间的联系。

二、活动目标

（1）能掌握肩上投的方法。

(2) 单手挥动快速投出，发展幼儿上肢力量。

(3) 让幼儿喜欢上投掷类游戏，愿意参与游戏。

重难点：单手挥动快速投出，手臂挥动到最高点时松手投出沙包。

三、活动准备

(1) 物质准备：红枣、沙包、自制粽子若干；小河、龙舟；音乐。

(2) 经验准备：幼儿前期已有过投掷经验，知道什么是端午节以及端午节的习俗。

四、活动内容

整体互动是以传统节日端午节为主线，将做粽子、投粽子融入其中，进而完成对活动目标的突破。整个游戏分为三个部分，第一部分是活动开始的前期准备部分，主要是帮助幼儿活动身体关节，以防其受伤；第二部分是主要的游戏环节，其中还分成三个小部分，一是摘红枣，有低、高两个位置，逐渐加大难度，二是做粽子，舒缓手臂的运动压力，三是投粽子，在高度的基础上增加了一定的距离，再次调动幼儿兴趣；第三部分是活动结束的放松部分，帮助幼儿放松手臂，达到舒缓作用。下面针对这三个部分详细阐述整体互动内容。

（一）活动开始（形式、目的）

此环节是引导幼儿做准备活动的环节，老师借助纪念屈原的习俗，将幼儿带入端午节情景中。本环节中会有两个活动目标，一是激发幼儿参与的兴趣，二是帮助幼儿做好前期活动准备，例如活动四肢关节等。将端午节赛龙舟引入活动中，将划龙舟的动作加到锻炼体操中，让幼儿在划龙舟的同时也活动了四肢，达到锻炼的效果。在此环节中需要用到的道具有自制龙舟和互动音乐。

重点提问：

(1) 小朋友们你们划过龙舟吗？划龙舟时会做什么动作呢？

(2) 要想让龙舟动起来，我们的手臂要做什么动作，双脚又要做什么动作呢？

（二）活动过程

此为重点环节，在此环节中老师要完成对目标的把握。在活动中通过两个互动小游戏来帮助幼儿完成投掷练习。第一个游戏是摘红枣，第二个游戏是投粽子，下面详细说明两个游戏的具体内容以及设计目标。

1. 游戏：摘红枣

从物体悬挂的不同高度引导幼儿改变手臂向上挥动的力度以及出手角度。

在此游戏中老师将准备好的红枣高高挂起，营造出制作粽子需要小朋友自己从树上采摘红枣的游戏情景，在龙舟的带领下幼儿们来到高低不一的悬挂物前，用小手打下上面的红枣。摘红枣做粽子如图1所示。

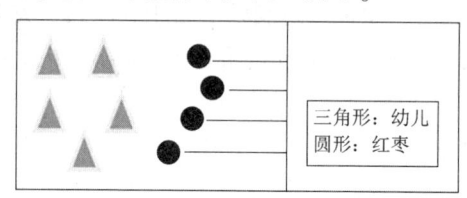

图1 摘红枣

重点提问：

（1）小朋友们请用小手打下红枣来做粽子。

（2）红枣有点高，我们的手臂要举到什么位置上才能将红枣打下来呢？

（3）手臂弯曲拍得高，还是伸直拍得高？

整体游戏：老师借用两个不同高度的悬挂物引导幼儿用小手将物体用力拍打下来，悬挂物的不同高度在无形中增加了幼儿拍打的难度。同时在反复练习中幼儿能够逐渐发现手臂不同摆动方式带来的不同效果。老师在语言引导中可以进行相应的提示，例如手臂伸直、举过头顶、拍打出去，等等。对于幼儿，两种高度的反差体验也能激发幼儿主动探索的兴趣，第一次较低的尝试能够满足幼儿在尝试中的成就感，第二次增加高度是对游戏的挑战，同时幼儿也能自主选择适合自己的高度，在自由练习中，完全体现出幼儿在游戏中的主动性与探索性。

重点提问：

（1）高处的红枣更甜，你们能摘下它吗？

（2）这么高，我们的手臂和刚刚相比要有什么变化呢？

（3）试试看，当小手挥到什么地方拍出去会拍得很高？

2. 游戏：做粽子

游戏之间的放松舒缓。

在此环节中老师将前期游戏做了一定的延伸，借助制作粽子的过程帮助幼儿舒缓手臂的运动压力，缓解运动疲劳，做放松运动，同时也是在给辅助老师重新布置游戏场地的时间。

引导语：

（1）小朋友们，我们的材料准备好了，快来一起制作粽子吧。

(2) 做好的粽子要送给谁吃？坐上我们的龙舟去纪念伟大的屈原吧。

3. 游戏：投粽子

从物体距离的不同引导幼儿改变手臂向上挥动的力度以及出手角度。

在此游戏中老师借助龙舟、不同宽度的小河以及自制粽子帮助幼儿在投高的基础上尝试将物体投远。在老师的带领下，幼儿们划着龙舟来到小河前，单手用力将手中的粽子投入小河的最深处。在投掷中辅助老师扮成河中的小鱼将粽子投回，让幼儿反复进行练习。投粽子如图2所示。

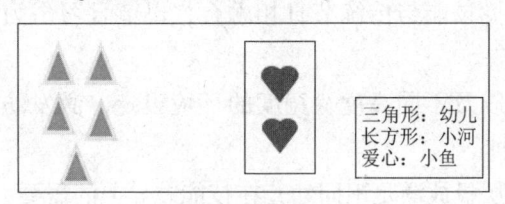

三角形：幼儿
长方形：小河
爱心：小鱼

图2　投粽子

重点提问：

(1) 请小朋友们将手中的粽子投入小河中，投得越远越能把祝福送到。

(2) 打到河里的小鱼，粽子会被投回来，一定要投得远、投得高。

(3) 想一想，刚刚我们是怎么摘到甜甜的红枣的，手臂在什么地方？是怎么投出去的？

在老师的询问中，幼儿能够调动出前期游戏的动作经验，并运用到这一游戏中，同时与之前游戏不同的是老师在宽度上做出调整，不光是投高还需要一定的距离。随着幼儿的练习，老师可以设置不同宽度的小河，再次给幼儿自我选择的空间。同时能够满足不同技能差异幼儿的需要，在不断的练习尝试中，幼儿能够相互模仿、相互探索，并找到适合自己的投掷方式。

（三）活动结束（形式、目的）

在此环节中，老师设计了环保教育，当老师带领幼儿划龙舟做舒缓动作时，改变了以往的自然结束，而是让幼儿再次参与到回收材料的过程中，借助纪念屈原的场景，老师设计保护环境的环节，引导幼儿回收水面上多出来的粽子，激发幼儿对大自然的保护意识。在游戏中，幼儿们完整地融入游戏，做游戏的参与者，做游戏的主人。同时也将不同领域融合在一起，体现五领域相互融合的教育理念。

重点提问：

水面上还有很多剩下的粽子，为了小河不被破坏，我们把它们捡回来带走好不好？轻轻地，注意安全。

五、活动延伸

赛龙舟的比赛，锻炼了幼儿的手臂力度。

六、活动反思

（1）活动将投掷技能与传统节日相融合，以节日习俗为主线贯穿于整个游戏中。

（2）不同材料以及不同高度、宽度的环境设定，激发幼儿的参与兴趣以及在游戏中的挑战精神。

（3）材料的分层投放满足不同幼儿在技能差异上的需要。

（4）不同领域相互融合，如体育与社会领域。

惊蛰打鼠虫

> **申请人简介**：我叫郑诗岚，女，擅长幼儿体育游戏教学，是我园体育教研小组成员，在幼儿园体育活动中有一定的教学经验。我发表的多篇论文、案例在区级征文活动中获得了不同奖项。
> **所在单位**：北京市东城区东棉花胡同幼儿园
> **适用班级**：幼儿园中班

一、活动设计意图

中班幼儿的动作能力已明显地发展起来，幼儿活动的范围大大扩展，活动的积极性有了极大的提高。中班幼儿的投掷能力比小班幼儿略有发展，因此，他们更加好动，而且探索的欲望更为强烈。《3~6岁儿童学习与发展指南》健康领域目标为"具有一定的力量和耐力"。4~5岁幼儿发展目标明确提出"能单手将沙包向前投掷4米左右"。对于中班下学期的幼儿来说，在前期已经有了一定程度投掷动作技能的练习，但效果并不是很理想，个体差异较大，尤其是在投远方面，中班幼儿在上肢挥臂速度和上肢动作协调上的能力稍弱。

结合园所传统节气的教育理念，以及园所环境的地理特点，我设计了此次活动，将传统节日与投掷活动相结合。借助传统节气惊蛰打鼠虫的习俗，设计游戏环境，通过摘艾草包、打鼠虫两个互动环节来帮助幼儿练习投掷活动中的挥臂速度和上肢动作协调能力。

二、活动目标

(1) 能够挥臂向前向高投远，掌握上肢投掷动作要领。
(2) 通过游戏感受挥臂的速度和力量。
(3) 使幼儿喜欢上投掷类游戏，愿意参与到游戏中。

活动重点：能够挥臂向前向高投远，掌握投掷动作要领。
活动难点：感受挥臂的速度和力量。

三、活动准备

（1）物质准备：不同质量的艾草包（三角形的艾草包较重，圆形的艾草包较轻）；挂有艾草包的绳子、音乐、贴有鼠虫图片的垫子。

（2）经验准备：幼儿前期已经有了投掷经验。知道什么是惊蛰节气以及惊蛰节气的习俗。

四、活动内容

整体活动是以传统节气惊蛰为主线，将摘艾草包、打鼠虫融入其中，进而完成对活动目标的突破。整个游戏分为三个部分，第一部分是活动开始的前期准备部分，主要是帮助幼儿活动身体关节，以防其受伤，并激发幼儿的活动兴趣；第二部分是主要的游戏环节，其中还分成三个小部分，一是摘艾草包，二是打鼠虫，三是打鼠虫分组大战，在高度的基础上增加了一定的距离，再次调动幼儿兴趣，让幼儿有技能上有所突破；第三部分是活动结束的放松部分，帮助幼儿放松手臂，达到舒缓的作用。下面针对这三个部分详细阐述整体活动内容。

（一）活动开始

此环节是引导幼儿做准备活动的环节，老师借助惊蛰节气打鼠虫的习俗，将幼儿带入惊蛰节气的情景中。在此环节中会有两个活动目标，目标一是激发幼儿参与活动的兴趣，目标二是帮助幼儿做好前期活动准备，如活动上肢关节等。将惊蛰节气打鼠虫需要的艾草叶引入活动中，将拔艾草、做艾草包的动作加入锻炼体操中，让幼儿们在做游戏的同时活动上肢，达到锻炼的效果。

重点提问：

（1）小朋友们你们会拔艾草吗？拔艾草时会做什么动作呢？

（2）拔艾草时我们的小手臂要使劲拔，拔艾草时我们还要注意自己的安全。

（二）活动过程

此环节是重点环节，在此环节中老师要把握活动目标。让幼儿在游戏中通过挥臂向前向高投远，掌握投掷动作基本要领，同时帮助幼儿突破活动目标中的难点。可通过两个互动的小游戏来帮助幼儿完成投掷练习。第一个游戏是摘艾草包，第二个游戏是打鼠虫，下面详细说明两个游戏的具体内容以及设计目标。

1. 游戏：摘艾草包

从悬挂物的不同高度引导幼儿掌握手臂向上挥动的力度以及出手角度。

在此游戏中老师营造需要幼儿自己从绳子上摘下晒好的艾草包的情景，在老师的带领下，幼儿们分成两组来到不同高度的悬挂物前，用手拍打绳子上挂的艾草包。

重点提问：

（1）艾草包挂得有点高，我们的手臂要举到什么位置上才能摘下高高的艾草包呢？

（2）摘艾草包时，手臂是先伸直还是先弯曲？

整个游戏中老师借用两个不同高度的悬挂物引导幼儿手臂用力挥出，悬挂物的不同高度为幼儿在投掷过程中增加了一定的难度。引导幼儿开始尝试投掷动作的出手角度和出手方向，幼儿在自己尝试的过程中可能掌握不好投掷动作的基本要领，这时老师可以进行相应的提示，如手臂伸直、举过头顶等。悬挂物较低的投掷尝试能够满足幼儿在投掷中的成就感，增加高度是对能力强的幼儿的挑战练习，同时幼儿也能自主选择适合自己的高度，自由练习，完全体现出幼儿在游戏中的主动性与探索性。

重点提问：

（1）艾草包这么高，我们的手臂和刚刚相比要有什么变化呢？

（2）我们怎么做才可以拍到艾草包呢？

2. 游戏：打鼠虫

打鼠虫练习，练习幼儿上肢的投掷动作，尝试较远的投掷距离。让幼儿辅助老师将贴有鼠虫图片的垫子立好，引导幼儿在标志线后向垫子投掷艾草包，投掷后可以捡鼠虫扔回的艾草包，继续投掷，幼儿根据自己的能力可以选择不同质量的艾草包，三角形的艾草包较重，圆形的艾草包较轻。

重点提问：

（1）小朋友们，鼠虫离我们有些远，我们怎么做才能把它们打倒呢？

（2）挥臂速度是怎么样的，是挥得慢打的距离远还是挥得快打的距离远？

（3）在投艾草包时，应把右手臂举到什么地方再投？

随着幼儿一起练习，老师可以提供不同质量的艾草包，比如给能力强的幼儿准备较重的艾草包，给能力稍弱的幼儿准备较轻的艾草包，这样的尝试能给幼儿自我选择的空间，同时能够满足技能不同的幼儿的需要，第一次用体积小的艾草包来尝试，能够满足幼儿在投掷中的成就感，第二次增加难度用体积大的艾草包，这是对游戏的挑战。

重点提问：

小朋友可以选择三角形的艾草包，更快消灭鼠虫。

3. 游戏：打鼠虫分组大战

加大物体距离和物体高度，引导幼儿掌握手臂向上挥动的力度以及挥臂速度。

巩固幼儿上肢投掷动作，尝试更远的投掷距离。将幼儿分成两组进行打鼠虫大战，辅助老师扮成鼠虫躲在不同高度的垫子后，幼儿根据自己的能力来调整自己与垫子的距离，还可以选择不同高度的垫子进行挑战。

重点提问：

（1）请小朋友将手中的艾草包用更大的力气打向鼠虫，注意这次鼠虫距离我们很远。

（2）想一想刚刚我们是怎么打倒鼠虫的，手臂在什么地方？是怎么投出去的？

（3）有的小朋友成功了，请你来向大家展示一下。

在老师的提示中，幼儿能够调动出前期游戏的动作经验，并运用到这一游戏中，让动作较规范的幼儿进行示范展示，可以加深幼儿对于投掷动作要领的理解与掌握。在游戏中，幼儿可以模仿动作要领正确的幼儿进行投掷的尝试，这会增加幼儿对于投掷的兴趣，同时也能促使幼儿对于投掷动作要领的基本掌握，让幼儿在玩中掌握技能。当幼儿发现自己在投掷过程中有了技能上的突破时，幼儿在游戏中会再次根据自己的能力调整与老师间的距离，并且选择适合自己投掷高度的垫子。这一环节的设计既给能力强的幼儿以难度上的突破，也满足了能力稍弱的幼儿对技能的掌握。让幼儿自主选择适合自己的高度和距离进行相对自由的练习，完全体现出幼儿在游戏中的主动性与探索性，激发了幼儿的兴趣，培养了幼儿团队合作的意识。

（三）活动结束

在这一环节中老师设计了环保性的教育环节，老师带领幼儿做舒缓动作时，改变了以往的自然结束，而是让幼儿参与到回收材料的过程中，借引导幼儿把剩余的艾草包收回循环使用，让幼儿们完整地融入游戏中，做游戏的参与者，做游戏的主人。同时也将不同领域融合在一起，体现五领域相互融合的教育理念。

五、活动延伸

在幼儿收材料时引导幼儿做德育活动，培养幼儿勤俭节约的好品德。

六、活动反思

（1）活动将投掷技能与传统节气相融合，以节气习俗为主线贯穿于整个游戏中。

（2）不同材料以及不同距离的环境设想，激发幼儿的参与兴趣以及在游戏中的挑战精神。

（3）材料的分层投放满足不同幼儿在技能差异上的需要。

（4）幼儿能在游戏中根据能力自主选择适合自己的材料和游戏方式，完全体现出幼儿在游戏中的主动性与探索性。

除蛰虫

> **申请人简介**：于庆军，中共党员，高级教师，区学科带头人，教龄三十一年。其执笔撰写的"民间游戏中发展投掷能力的实践研究"课题被批准立项为北京市规划课题，秉承"小场地，大教育"的理念，带领教师开展实践研究，让幼儿在有效的场地获得最大的发展。
>
> 王雨诗，在工作中认真负责，有较强的责任心与上进心，在学前教育专业中，不断提高自身的专业素养，她作为青年班长、团干部、学科小组负责人，能积极地引导年轻教师更新教育观念、确立正确的教育观；组织团员进行业务理论学习，帮助团员教师树立正确的教育观，使他们得到充分的发展。王雨诗是一名有理想、有干劲儿的青年教师。
>
> **所在单位**：北京市东城区新中街幼儿园
> **适用班级**：幼儿园中班

一、活动设计意图

"春雷响，惊蛰至"，惊蛰节气到来了，幼儿们知道了许多有关惊蛰的知识，并玩起了节气游戏。"打蛰虫"就是幼儿们喜欢的游戏之一。在游戏中，我们发现幼儿们在投掷时容易出现投掷物出手角度低、时机不准确、爆发力量不够集中、挥臂速度较慢、不能较好地运用转身力量等问题，因此投掷的距离较近。《幼儿园教育指导纲要〈实施细则〉》中提出，中班幼儿"可以较灵活地控制身体运动的方向"；《3~6岁儿童学习与发展指南》中指出4~5岁幼儿"能单手将沙包向前投掷4米左右"。基于幼儿投掷动作的发展目标，结合幼儿对"除害虫"游戏的兴趣，我们选择了"除蛰虫"的内容，旨在通过快乐的游戏，帮助幼儿掌握正确的肩上挥臂投掷的动作，让幼儿获得"除掉更多害虫"的成功体验。

二、活动目标

（1）学习并掌握正确的肩上挥臂投掷动作。
（2）探索上下肢协调用力的方法，能单手将沙包向前投掷4米左右。
（3）体验"除害虫"的成功感受，体验节气体育游戏的乐趣。
活动重点：探索正确的肩上挥臂投掷的基本动作。
活动难点：能协调用力，单手将沙包向前投掷4米左右。

三、活动准备

（1）物质准备。
播放设备1台；音乐《锣声》《身体音阶歌》《惊蛰》《喜洋洋》；五毒蛰虫道具若干；宽窄不同的小河；垫子若干；沙包若干；彩带若干；配教老师2名。
（2）经验准备。
知道惊蛰有开锣、除蛰虫的习俗；有投、挥、抛的经验。
（3）场地准备。
活动场地如图1所示。

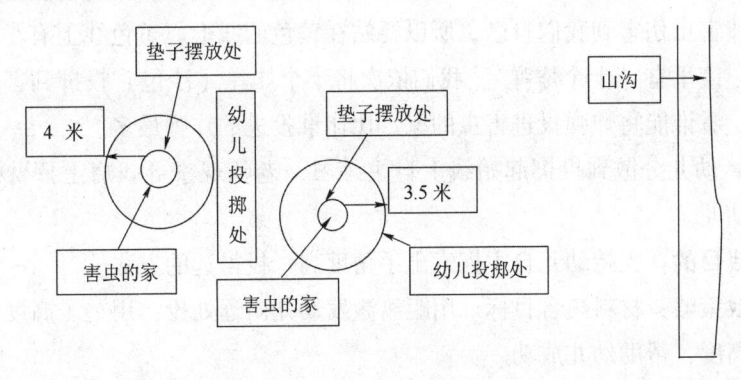

图1 活动场地

四、活动内容

（一）活动开始

1. 以"开锣声"引出活动内容，激发幼儿热身的热情

引导语：

老师："听！什么声音？"

幼儿："敲锣的声音""响亮的声音""让小动物苏醒的声音""害虫要出来了"……

引导语：

老师："惊蛰节气来到了，有些害虫要出来了，我们一起活动身体做好消灭害虫的准备。"

幼儿："好呀""嗯"点头……

2. 听音乐《身体音阶歌》做热身运动，重点活动上肢和腰部各关节

幼儿与老师一起，伴随着音乐双手叉腰点头、动脖、伸臂、扭腰、摆胯。

（二）活动过程

1. 进行游戏"打害虫"，学习肩上挥臂投掷的正确动作

幼儿自主尝试用肩上投掷的方法消灭距离 3.5 米远的害虫。

（1）讲解游戏玩法。

"看！那里是什么？有什么？"

"对！用垫子紧紧围住的地方，里面有五毒，是害虫的家。我们要消灭它们，但不能让害虫伤害到我们自己，所以要站在黄色的线上。黄色线上有小筐，一人一个筐，筐里有'十个炸弹'，我们依次将十个炸弹（沙包）投掷到害虫的家消灭害虫。看谁能将炸弹投进害虫的家，比比谁投进的炸弹最多。"

（2）幼儿分散到投掷起始线上自主练习，老师观察寻找肩上挥臂投掷动作正确的幼儿。

游戏目的： 支持幼儿自主探索出手角度高、投得远的方法。

游戏策略： 材料蕴含目标。用距离激发幼儿向远处投；用垫子高度提升幼儿投掷的高度，帮助幼儿成功。

（3）幼儿示范，老师引导幼儿发现正确的动作要领。

①老师提问："认真看，预备时，他的身体像什么？拿'炸弹'的手在哪里？请你学一学。"

游戏目的： 掌握侧身开立、肩上屈肘、肘向前的动作。

游戏策略： 借助幼儿已有的经验"身体像大字"，帮助幼儿掌握侧身开立的动作。借用幼儿"手在耳边"的发现，鼓励幼儿做出肩上屈肘、肘向前的动作。

②老师提问："仔细看，炸弹投出时，身体是什么方向，手臂在哪个高度？"老师跟随幼儿投掷的动作，做出在投掷物出手的瞬间停顿的动作。"请把你们发

现的这个秘密做出来。"

游戏目的：掌握转身挥臂的动作要领，知道出手角度要高。

游戏策略：老师通过在投掷物出手的瞬间停顿的动作，让幼儿们直观发现，转身向高处出手投"炸弹"才能投得远的秘密。

③提问："请小朋友再做一遍，注意看，投掷后，投炸弹的手放在了哪里？"

游戏目的：掌握自然挥臂、用力投的动作要领。

游戏策略：幼儿通过观察发现投掷后手臂落下的位置，理解挥臂自然、动作连贯。

④老师小结：肩上屈肘肘向前，转身挥臂用力投，手臂落下害虫除。

游戏目的：梳理肩上挥臂投掷的动作要领，纠正幼儿容易出错的动作。

游戏策略：动作要领儿歌化，帮助幼儿记忆。

2. 游戏"害虫消灭光"，练习肩上投掷的动作

（1）甩臂走，养护放松。

引导语："听！锣鼓在哪里响，我们一起去看看""甩甩臂、捏捏臂、抖抖手"。幼儿跟随老师边走边放松，走至有"害虫的家"的区域。

游戏目的：放松上肢，缓解上肢肌肉的紧张，保护幼儿身体。

（2）"消灭害虫"，练习肩上挥臂投掷的动作。

①老师提问："怎样才能不让炸弹伤到我们？"

幼儿："投得远、投得快、用力挥。"

游戏目的：增强投掷的爆发力。

游戏策略：用炸弹爆炸的情境，帮助幼儿理解动作要领。

②说儿歌，玩"消灭害虫"的游戏。

游戏玩法：预备姿势说儿歌"大炸弹放肩上，转身使劲向前投"，说到投时，挥臂投"炸弹"。

游戏目的：在说儿歌时，老师关注与指导幼儿所做的预备动作。在幼儿投掷时，关注幼儿转身投的角度和力度。幼儿投掷后，关注幼儿手臂落下的位置。

③进行游戏"害虫消灭光"，播放音乐《惊蛰》，幼儿自主选择距离害虫的家3.5米远及4米远的区域练习，老师巡回指导。

游戏目的：给予幼儿充分的练习机会；老师有较为充足的指导时间；距离不同的害虫区，激励幼儿不断挑战自己。

游戏策略：设置不同距离的投掷区域。

（3）小结。

引导语："害虫的家里，投进了这么多的炸弹，你们可真厉害！"

重点提问："都谁击中了害虫？""投中了几个，投中1个的，投中2个的，

投中3个的……?""怎么投中的?"

游戏目的：让幼儿感受到成功的快乐，同时树立新的挑战目标，再次巩固"肩上屈肘肘向前，转身挥臂用力投，手臂落下害虫除"的动作要领。

3. 消灭"逃跑的害虫"，练习向移动的目标投掷

（1）寻找害虫。

引导语："听！锣声又响了，那边有害虫出现了，每个小朋友捡三个炸弹，我们一起静悄悄地绕过大山，走过弯弯曲曲的小桥去消灭害虫。"带领幼儿边走边进行养护放松。

游戏目的：放松上肢、腰部的肌肉。

（2）消灭"逃跑的害虫"，尝试投准移动的目标。

游戏玩法：两名老师扮演"害虫"在山沟里来回跑动，幼儿站在距离4.5米和3.5米的曲线外，边说儿歌边向害虫投炸弹。"害虫"被击中立即蹲下。

游戏目的：拓展幼儿投掷的经验，感受团队合作的乐趣。

（三）活动结束

放松活动："舞彩带"庆胜利。

伴随着《喜洋洋》的音乐，幼儿"舞彩带"庆祝胜利。

游戏策略：活动在高潮中结束，同时达到了放松的目的。

五、活动延伸

（1）通过加大游戏距离、投掷材料的变化及加大难度提升幼儿参加投掷游戏的兴趣及促进幼儿投掷能力的发展。

（2）开展多种内容的投掷游戏，如"小火箭上蓝天""推彩球""撒花瓣""百发百中""打年兽""打雪仗"，练习与巩固投掷动作，促进幼儿动作的发展。

六、活动反思

（一）多领域相融合，促进幼儿多方面的发展

此活动依据幼儿兴趣，结合传统节气创编而成。首先，结合了惊蛰节气的开锣惊蛰虫的习俗，运用敲锣的音频，调动幼儿消灭害虫的情感。其次，借助除五毒的习俗，增强幼儿掌握投掷本领消灭害虫的愿望，激励幼儿不断挑战自己，提高投掷能力。再次，通过炸弹点火会快速爆炸的特点，解决幼儿出手时机不准确

的问题。幼儿出现投掷物砸在地上、投不远的现象，其中一个原因就是在投掷时，不能在正确的时机抛出投掷物，若过分地强调在哪个位置哪个角度抛出投掷物，会影响幼儿投掷的连贯性，借助炸弹点火即着的特点，在幼儿已理解的基础上，不用过多强调，只是告诉其点火后快速抛出，以免炸弹在手中爆炸受伤，幼儿即可在不考虑动作的情况下，以最舒服也是最好的状态抛出投掷物，达到较好的效果。最后，活动结束部分，听音乐舞彩带自由摇晃手臂做放松活动，增强了幼儿灭害虫的成功感和肩上挥臂投掷的信心。这样，不仅较好地促进了幼儿肩上挥臂动作的发展，而且提高了幼儿锻炼的兴趣以及培养了幼儿敢于尝试与挑战、用自己的力量保卫环境等良好的品质和品德。

（二）发挥材料的变形重组特性，激发幼儿主动尝试与探索

首先是巧用材料的可变性。垫子可平铺也可竖放，垫子不同数量的组合使围拢的场地空间可变大可变小。借助垫子数量组合的变化，采用垫子竖放的方式，提高幼儿的出手角度，巧妙地解决幼儿出手角度低、投掷距离近的问题。多个垫子组合成大圆圈，解决了场地小、全体幼儿同时参与投掷活动存在困难的问题，给予幼儿更多练习的机会。此外，垫子数量的减少，增加了幼儿投掷的难度，也有效提升了幼儿锻炼的兴趣与能力。

其次是发挥材料的自检性。设置距离害虫的家 3.5 米和 4 米两种距离的区域，以及距离山沟 3.5 米到 4.5 米的不同距离，幼儿可以自检投掷的距离，尝试不同距离的投掷难度，从中收获战胜困难后的自信。

最后是材料有易收放性。通过分组、卷起、叠摞等减少放玩具的空间。如自制材料"蓝蓝的小河"使用纱网制作，可以将其卷起收放；"沙包"可以叠摞收放；"垫子"可以根据范围的大小随时拼接组合，幼儿玩得方便，收放也很自如，不过多占用放玩具的场地。

（三）启发式的教学方法，有效解决教学的重难点

通过启发式提问"预备时身体像什么？拿'炸弹'的手在哪里？"帮助幼儿掌握侧身开立、肩上屈肘、肘向前的动作。通过启发式观察，定格投掷的动作，把不易观察到的动作呈现出来，使幼儿掌握转身挥臂的动作要领，知道出手角度要高。通过对比式观察"投掷后手在哪里？"，启发幼儿发现自然挥臂、用力掷的动作要领。同时，通过学一学，引导幼儿体会动作要领。通过层层深入的启发，帮助幼儿较好地掌握正确的动作要领。

（四）锻炼与养护放松相结合，注重对幼儿身体的保护

在本次活动中，安排了三次放松活动，缓解幼儿上肢肌肉及腰部的紧张，起

到保护幼儿身体的作用。其中，过程中的两次养护放松，蕴含在游戏场地的转换中，使活动衔接自然紧凑。

此活动体现了活动的趣味性、学习的自主性、发展的多面性，体现了促进幼儿身心和谐发展的理念。

小兔种萝卜

> **申请人简介**：我叫林大征，男，是一位一线教师，从 2003 年毕业至今，一直在新中街幼儿园任大、中班教师。我注重幼儿常规习惯和良好品德的培养，充分发挥榜样作用，待人友好，工作勤奋，为人诚实谦虚，认真负责，尽职尽责，有耐心、爱心、细心。我喜欢球类运动，并努力成为一个让所有幼儿都喜欢的孩子王。在体育教学方面，我不断钻研，能通过简短的语言、准确的动作、有趣的情节激发幼儿的注意力，帮助幼儿掌握动作要领，提高幼儿运动的兴趣与能力。
>
> **所在单位**：北京市东城区新中街幼儿园
> **适用班级**：幼儿园中班

一、活动设计意图

幼儿在做户外游戏时，经常模仿小兔子跳来跳去。我发现，他们在跳的时候双脚经常是分开的或者是一脚前一脚后的。《幼儿园教育指导纲要》明确指出，培养幼儿对体育活动的兴趣是幼儿园体育的重要目标，要根据幼儿的特点组织生动、有趣、形式多样的体育活动，吸引幼儿主动参加。中班幼儿的身心发展相对小班幼儿更为稳定，正是活动能力迅速发展的时期，对各项动作能够建立良好的条件反射，同时对于游戏的动作性、完整性较感兴趣，可以进行较复杂的动作练习。于是我设计了此活动，与幼儿一起学习小兔子行进跳的动作。

二、活动目标

（1）练习双脚向前行进跳，跳得轻快有节奏，发展腿部力量。
（2）初步培养幼儿动作的灵活性和协调性。
（3）懂得遵守规则，充分体验游戏的快乐。
活动重点：双脚向前行进跳。
活动难点：双脚向前轻快有节奏地行进跳。

三、活动准备

（1）物质准备：报纸球若干、萝卜若干、塑料圈每人一个、音乐。
（2）经验准备：基本会双脚行进跳。

四、活动内容

（一）活动开始

"削水果"，活动身体各部分，重点活动下肢和踝关节。

（二）活动过程

1. 游戏"种萝卜"，体验双脚向前行进跳的动作

引导语：这儿真美，我们在这儿安家吧！（取下塑料圈，放在地上当家。）我们是勤劳的小兔子，我们去种萝卜吧。

老师与幼儿一起双脚向前行进跳种萝卜。

重点：起跳动作准确，双脚并拢、动作连贯。

2. 给萝卜浇水，练习双脚连续向前行进跳

引导语：萝卜现在需要浇水了，我们去给它们浇水吧。但是我们要快速地踩着荷叶跳过小河，要是慢的话就会掉进河里。

过小河，幼儿尝试又轻又快地连续跳过小河。幼儿尝试体验连续轻快过小河的动作。

3. 养护运动

听掌声抖腿，放松腿部肌肉。

4. 收萝卜

引导语：萝卜成熟了，我们去收萝卜吧。

带领幼儿收萝卜。

重点：轻快、有节奏地跳过小河。

大灰狼出现，老师和幼儿一起夹着萝卜连续向前行进跳回家。

（三）活动结束

1. 放松活动：小兔子回家

（1）吹跑大灰狼，调整呼吸。

（2）放松肌肉：捶捶腿，捶捶臂，揉揉肩……

重点：下肢踝关节。

2. 爱整齐的小兔子，材料收放整齐

五、活动延伸

在掌握双脚向前行进的基础上，练习双脚向前左右行进跳。

六、活动反思

（一）依据幼儿兴趣、已有经验和幼儿的发展需要制定活动目标

本次活动的重点设定为双脚向前行进跳。

由于中班上半学期幼儿行进跳时双脚着地较重，而且大部分幼儿是全脚掌着地，为了让幼儿学习正确的双脚向前行进跳，我设计了双脚向前轻快有节奏地行进跳的动作。

（二）启发性的教学方法引发幼儿主动学习

（1）情境导入法：为了提高幼儿对游戏的参与兴趣，我采取了情境导入法，让幼儿想象自己就是游戏中的主人小兔子，这极大地调动了幼儿的积极性，有利于幼儿情感的激发，也有利于幼儿主动地介入教学活动。

（2）观察法：让幼儿主动观察其他人的动作，同时我也在游戏过程中观察幼儿的表现，让幼儿主动学习，表达自己的意见，适时地引导幼儿说出正确的动作。

（3）游戏法：游戏是一种符合幼儿身心发展要求的快乐而自主的活动，它具有自主性、趣味性、虚构性、社会性和具体实践性等特点。所以本次活动中加入游戏环节来吸引幼儿的注意力，激发幼儿对游戏的参与度。

（4）提问法：启发幼儿对动作的认知。

（三）目标性、游戏化的活动过程，促进幼儿在主动学习中获得发展

活动主要分为三个部分，其中第一部分是准备部分，幼儿列队入场和进行热身游戏"削水果"。第二部分为基本部分，练习动作、集体游戏、总结方法。第三部分是放松部分，先做游戏"吹走大灰狼"，让幼儿调整呼吸，再放松全身，达到让幼儿在玩中学、学中玩的目的。

下面是各部分内容，首先是开始部分，全班排成一列纵队，听到音乐以后，齐步走入场，并进行切断分队走，由一队变四队。然后玩"削水果"的游戏，当老师说到某种水果时，幼儿用手当作刀做切水果的动作，并说出"切"字，当说的不是水果时，幼儿双手在头上做出一个"X"的动作，并说出"不切"，当老师说炸弹的时候，幼儿双手抱头并蹲在地上。通过这个游戏让幼儿提高参与游戏的积极性，同时通过游戏让幼儿活动全身各部位，降低在游戏中受伤的概率。

（四）情景化的情节，引发幼儿对双脚跳的动作进行观察与学习

在第一环节中，首先用语言引入："小朋友们，现在我是魔法师，现在我施展魔法把你们变成小兔子，把我自己变成大兔子。"通过语言导入，让幼儿明白自己现在是小兔子，然后大兔子带领小兔子去操场种萝卜，这时老师什么也不用说，只要双脚向前行进跳就可以了，在这个过程中，通过让小兔子去种萝卜观察幼儿行进跳的问题，种完萝卜后，再找幼儿和老师分别演示双脚向前行进跳的动作，让所有幼儿观察谁的动作更像小兔子，和幼儿一同讨论出正确的动作，并一起学习正确的行进跳的动作，然后让幼儿分散练习，巩固行进跳的正确跳法。

（五）情景化的材料、游戏性的语言，有效解决教学活动难点

第二环节是给萝卜浇水，通过第一环节已经学习了正确行进跳的动作。此环节是要学习轻快有节奏地行进跳，在这一环节，我继续选用情景法，在给萝卜浇水的路上要通过一条小河，我们要跳过荷叶，如果慢了我们就会掉到河里，让幼儿通过自己的实践总结好的方法。还是先让幼儿来说说自己的方法，老师适时引导，总结出好的方法，总结完以后，让幼儿再练习轻快地行进跳。

在这个环节中的重点提问是：你是怎么又快又轻地跳过小河的。

重点指导语是双脚并齐，前脚掌着地，迅速跳过去。

练习完以后，做一个养护活动，因为在游戏中幼儿一直在双脚行进跳，双腿已经有些疲劳，为了保护双腿和缓解疲劳，需要做一个小游戏。老师鼓掌，幼儿抖腿，老师鼓掌的速度快，幼儿抖腿的速度也快，老师鼓掌的速度慢，幼儿抖腿

的速度也慢，当老师掌声停止时，幼儿也停下。

　　第三个环节收萝卜，本环节主要是为了让幼儿巩固轻快有节奏地行进跳，在这个环节中，我使用了大灰狼的角色，也预设了大灰狼的出现可能产生的问题，有的幼儿可能看到大灰狼出来了，由于怕被抓住，会忘记正确的行进跳动作，于是我在游戏之前给幼儿做了铺垫，大灰狼可能会出来，但是这个大灰狼有个特点，它会去抓不是用刚才的好方法行进跳的小兔子，从而再次巩固轻快的行进跳动作。

　　情景化的游戏贯穿始终，让放松活动更有情趣，使幼儿充分感受到成功的快乐。

　　最后一个部分是放松部分，我通过吹走大灰狼的游戏，让幼儿先调整自己的呼吸，然后通过相互捶背等放松身体各部位，最后通过游戏"爱整齐的小兔子"，让幼儿自己收拾游戏材料完成本次体育活动。

羊村小勇士

> **申请人简介**：我叫李琪，男，新中街幼儿园鼓楼分园青年教师，教龄三年，活泼、开朗、有活力，有着较为丰富的体育教学经验，多次参与市区级体育评比，并获得优异成绩。在开展活动的过程中，语言风趣幽默，能够带动幼儿活跃气氛，使幼儿快速融入游戏，有着极强的临场应变能力，口音洪亮，示范动作标准。
> **所在单位**：北京市东城区新中街幼儿园鼓楼分园
> **适用班级**：幼儿园中班

一、活动设计意图

投掷类活动是幼儿比较喜欢的体育活动，在户外活动中，幼儿们喜欢用垒球、沙包投来投去，但因为幼儿对投掷的方法不了解，总是投不远，而中班正是开展肩上挥臂投掷适宜的年龄阶段。《喜羊羊与灰太狼》是幼儿们非常喜欢的动画片。于是我就在幼儿兴趣的基础上，根据中班幼儿的年龄特点及本班幼儿动作发展的现有水平设计了此次活动。通过让幼儿投掷"手榴弹"打倒狼堡、战胜灰太狼的游戏，初步练习幼儿肩上挥臂投掷的动作，促进幼儿上肢肌肉的发展，同时在活动中培养幼儿勇于战胜困难的品质，让幼儿体验成功的快乐。

二、活动目标

（1）通过自主搜索，尝试投掷沙包的正确方法。
（2）初步学习肩上挥臂投掷动作，促进上肢肌肉的发展。
（3）在活动中体验成功的快乐，培养幼儿勇于战胜困难的品质。
活动重点：练习肩上挥臂投掷动作。
活动难点：尝试将沙包投得更远、更准。

三、活动准备

（1）物质准备：灰太狼头饰、红太狼头饰、沙包和纸球（根据幼儿人数摆放）、呼啦圈、拱形门、狼堡模型（体操垫）以及活动音乐《喜羊羊与灰太狼》。

（2）经验准备：幼儿有一定的抛投基础，会玩丢沙包游戏。（孩子有一定的投掷经验）

四、活动内容

（一）活动开始

激发兴趣，做好活动准备。

1. 进入场地

老师："今天我是羊村的村长，你们是羊村的小羊勇士。小勇士们，你们好！灰太狼老欺负我们羊群，今天我们羊村决定去炸它的堡垒，把它赶出我们青青草原，有没有信心？"

2. 听音乐，做热身运动，重点练习上肢运动

（二）活动过程

通过自主探索，尝试投"手榴弹"的正确方法，初步学习肩上挥臂投掷动作。

1. 炸狼堡

（1）幼儿自主尝试投手榴弹（掷纸球或沙包），探索投掷的正确方法。

老师："我们继续出发，嘘！狼堡到了，小勇士们安静！小勇士们拿起你们的手榴弹投向狼堡吧！"

①幼儿自主探索尝试投掷手榴弹。

②师生共同讨论：你用什么办法让手榴弹投向狼堡的？（请幼儿示范、讲解动作）

③老师讲解动作要点：向后迈右脚，右手拿手榴弹，蹬腿，向前上方用力投出。

（2）尝试投掷，看谁投得远，初步学习肩上挥臂投掷动作。

幼儿尝试投掷，老师观察指导。

第一次尝试，让小勇士在狼堡的围栏前投手榴弹。

第二次让小勇士在狼堡围栏后 2 米投掷。

引导语：刚才老师发现小羊们在投掷的时候，有的投掷得很远，有的投掷得很近，为什么有的小朋友会投得远呢？（请个别幼儿示范，讲解动作）

老师小结：手臂用很大很大的力气往狼堡处投，才能投得远。小勇士们都能让手榴弹投得很远，并且投到了狼堡前面，表扬你们！

（3）再次尝试投手榴弹，看谁投得准。

引导语：我们的手榴弹投到狼堡前面但没炸到狼堡，怎么办？怎样才能把手榴弹投到狼堡里面？我们应该怎样投，才能把手榴弹从窗户投进狼堡？羊村小勇士们，你们准备好了吗？

①幼儿尝试投准，老师观察指导。

②师生共同讨论：你是用什么好办法把手榴弹投进窗户的？（幼儿示范讲解动作）

③幼儿再次尝试。

2. 赶跑灰太狼和红太狼

鼓励幼儿跳过呼啦圈（洼地），走过平衡木（独木桥），爬过拱形门（山洞），拿起身上的沙包，瞄准目标，把沙包投向灰太狼、红太狼，然后赶紧跑回起点再继续，直到打跑灰太狼和红太狼。

老师小结：狼堡炸毁了，灰太狼也逃跑了，耶！（和小勇士们一起欢呼，庆祝胜利！）

（三）活动结束

做运动放松身心。在欢呼中播放音乐做放松运动，重点放松上肢，然后高高兴兴回羊村。

五、活动延伸

（1）在户外活动中，延续幼儿的兴趣，加深游戏难度。如"灰太狼又回来了，这次他要和小勇士们在河对面一决胜负"，主要让幼儿在移动中掌握距离的准确度。

（2）家园共育，提高幼儿的投掷能力。老师将游戏"投沙包"的视频发送到家长微信群内，鼓励家长做亲子游戏"投沙包"，在增进亲子关系的同时，锻炼幼儿投远投准的能力。

六、活动反思

（一）以幼儿为本，活动来源于幼儿兴趣，旨在促进幼儿发展

投掷活动是幼儿比较喜欢的体育活动，在户外活动中，幼儿喜欢用垒球、沙包投来投去，但因为幼儿对投掷的动作不了解，非常容易砸歪，偏差比较大，而中班幼儿正是开展肩上挥臂投掷适宜的年龄阶段。《3~6岁儿童学习与发展指南》中指出，4~5岁的幼儿应有一定的力量、协调能力、灵敏能力。因为本班幼儿非常喜欢《喜羊羊与灰太狼》，动画片中灰太狼总是被打跑，于是我就设计了此活动，与幼儿一起通过游戏的方式发展力量、协调能力和灵敏能力。

（二）活动准备充分

活动物质准备和经验准备充分，为幼儿提供充分锻炼的材料与机会。

（三）教学方法多样，促进幼儿主动学习

本次活动采用的教学方法是扮演体验法、提问法和间接引导幼儿法，让幼儿在愉快的游戏环境中学习，在学习中成长。

（1）扮演体验法：在游戏中，以情景引入，老师扮演村长、幼儿扮演小羊们，在与灰太狼的对峙中，产生投掷的兴趣。

（2）提问法：在游戏过程中，通过提问的方法，让幼儿思考，并主动尝试投掷动作。

（3）间接引导幼儿法：在游戏中，老师会让幼儿自主探索，老师可以以村长的身份引导幼儿发现方法，使用方法，让幼儿体验自己完成一件事的喜悦感。

（四）活动设计符合幼儿的运动规律，幼儿获得了成功的体验

活动主要分为三部分，第一部分是活动开始，激发幼儿活动兴趣，做好活动准备。第二部分是活动过程，尝试动作、集体游戏、总结经验。第三部分是活动结束，做一些放松身体的动作并与幼儿探讨胜利的经验，让幼儿体验成功的快乐。

下面是各部分内容，首先是活动开始部分，幼儿跟随老师入场，以情景的方式边走边引入角色，接着是准备活动部分，根据本次活动重点，我选择了一个节奏感很强的律动操来使幼儿活动身体各部位以达到热身的目的，让幼儿在游戏中逐渐适应激烈的体育活动。

本次活动运用了情景的方式，在热身之前把角色带入，热身时用角色的语气和形态带幼儿做热身动作，这样他们做热身动作会更加认真，从而达到热身效果。

然后是活动过程，我分为三个环节，分别是自主探索部分、动作发展部分和团队合作部分。

第一个环节以幼儿自助探索动作为主要目的；第二个环节是在缩小目标后让幼儿动作连贯地投中；第三个环节是利用游戏中的情景，让幼儿以团队为中心，共同击退目标。通过这三个环节完成活动的目标。

（五）根据幼儿年龄特点设计内容，促使幼儿积极锻炼

第一个环节以情境引入的方法带领幼儿进行队列练习，村长带领羊村小勇士们以队列的方式前去炸狼堡，拿出手榴弹也就是沙包投向狼堡，投完后进行提问，用什么方法让手榴弹砸中狼堡的大门，有的幼儿会运用身体的协调性进行连贯发力并瞄准投掷，而有的幼儿可能不是很熟悉，所以让做得好的幼儿来示范，因为中班幼儿喜欢模仿，而且幼儿更容易接受身边的幼儿做出的动作，这样能让幼儿们更好地记住动作并模仿。在幼儿们体验动作时我会提出问题：为什么有的幼儿投得中，有的幼儿投不中（预设问题为什么投不中，出现问题怎么解决），让幼儿展示并总结要用很大的力气去挥臂才能投中大门，然后让所有的幼儿再投一次，巩固动作。本环节的重点就是让幼儿们知道沙包投准的方法，对动作的要领有初步的了解。

（六）以情景带入的方式，引导幼儿发现与探究投掷的方法

第二个环节主要是让幼儿的投掷动作更流畅，让幼儿尝试把手榴弹投进狼堡的大门里，投完后进行提问：我们应该怎样投，手榴弹才能投进狼堡的大门。老师示范正规动作，让幼儿观察后并提问：我是怎么从狼堡的大门投进的。投掷动作的重点是转身和投掷的连贯性，出手的瞬间发力投向目标位置。此环节是本次活动的重要部分，一方面是让幼儿投准，另一方面是让幼儿在过程中感受到动作的重点，让每个幼儿知道动作规范有力才能投得准，然后再由我带领小勇士们投一次，巩固动作。这个环节中的重点提问是：我是怎么从狼堡的大门投进的，让幼儿一边看一边模仿我的动作，以进一步提升动作的精细程度。

重点指导语是转体、挺胸、用力挥臂、瞄准动作连贯不能停顿、出手瞬间发力投向目标位置。本环节在老师示范过程中，我以村长的身份示范如何将手榴弹投进狼堡，投完后让小羊勇士们模仿村长的动作发起进攻，这样幼儿会更自信，而且幼儿在模仿我的过程中，我会说小羊勇士们你们太厉害了，竟然真的和村长

做得一样，这样孩子们会因为得到老师的表扬而更加开心。

本环节可能出现的幼儿教育点是及时发现幼儿的好的动作然后进行表扬。此外，发现幼儿在做游戏过程中的问题要及时更正。

（七）团队合作共同击败灰太狼，感受成功的快乐

第三个环节为团队合作，本环节主要是为了让幼儿体验成功的乐趣和勇往直前战胜困难的精神，我会提前准备小障碍物（可以让幼儿摆放，放松身心），每组摆放几个小障碍物，以小组接力的方法进行游戏，一共分四组，每组幼儿需要跳过洼地（呼啦圈），爬过山洞（拱形门），到拱形门处，拿起一个手榴弹，攻击移动中的灰太狼和红太狼（由老师戴着头饰扮演）后，返回本组末位（提醒幼儿不能攻击头部），下一个幼儿出发。在游戏过程中，我会以村长的身份参与游戏提醒小勇士们，不要着急，要注意动作是否正确。我在游戏中主动引导幼儿们降速，确保幼儿们不会因为着急把之前的动作全部忘记。当老师扮演的灰太狼和红太狼被打跑后，我作为村长和小勇士们一起欢呼击掌，夸奖小勇士们很勇敢，让幼儿们体验成功的快乐和勇于战胜困难的精神。

（八）有效地缓解由于力量运动练习带来的肌肉酸痛

最后一个部分是放松部分，经过三个环节的游戏，幼儿们的身体处在一个高度兴奋的状态，要让幼儿们慢慢地平静下来，并使肌肉进行有效的放松，选择一个轻快的音乐，进行拉伸和拍打，使幼儿的身体得以放松。

重点说明：

（1）老师不会停下游戏给幼儿做示范，都是与幼儿一起游戏一起学习。

（2）指导个别幼儿时要关注其他幼儿做游戏的情况，不能打断正在进行的游戏。

（3）做经验总结时可以多让幼儿展示，提高幼儿的自信心和成就感。

攻城游戏

> **申请人简介**：我叫宋佳珅，男，已经在幼儿园工作了七年，在这七年里，我执教过小、中、大班。在日常生活中，我常亲身融入幼儿群体，更好地感受发掘现阶段幼儿的所需所求。在教学活动的设计与执行上，我能够更好地发掘幼儿的兴趣点以及需求点，在教学活动中能很好地调动幼儿的积极性，激发幼儿兴趣，使幼儿更好地浸入活动之中。
> **所在单位**：北京市东城区新中街幼儿园鼓楼分园
> **适用班级**：幼儿园大班

一、活动设计意图

幼儿进入大班，对对抗游戏产生了浓厚的兴趣，经常在户外和同伴自发地开展对抗活动，由于大班幼儿身心发展比较稳定，正是机体能力迅速发展的时期，对各项动作能够建立很好的条件反射，协调性、灵敏性也明显发展，我在观察幼儿游戏时发现：大部分幼儿上肢力量发展得相对薄弱，尤其是在进行投掷类的游戏时，常出现动作不协调、击物不准的问题。为了发展幼儿的投准和躲闪能力，培养幼儿的团队合作意识，我设计了这次体育活动，希望通过这次活动，以幼儿最喜欢的游戏方式发展其投掷动作，提高幼儿身体的协调性、灵活性。

二、活动目标

（1）根据目标物的位置，探索投准的方法。
（2）发展幼儿的投准能力。
（3）在游戏中感受与同伴合作玩游戏的乐趣。
活动重点：能够控制力量击准目标。
活动难点：瞄准投掷目标，目测距离，调整投掷角度，控制投掷力量。

三、活动准备

（1）物质准备：软球、标志碟、旗子、奶箱。
（2）经验准备：有一定的投掷和躲闪经验。

四、活动内容

（一）活动开始

师生行礼问好，律动操热身，重点活动双臂、膝关节、踝关节。

（二）活动过程

1. 游戏：神射手

尝试在指令声中用不同的办法击中目标。

引导语：今天我们要进行一个打靶练习游戏，看一看哪个小朋友能准确地命中目标。

幼儿每人三个球，在指定区域内瞄准目标并进行攻击。

重点提问："你们是怎样瞄准目标的呢？我们怎样才能准确地击中目标呢？"让幼儿说说自己的方法，并展示分享，与其他幼儿一起体验。

经验分享：鼓励幼儿尝试分享命中目标的好方法。

2. 游戏：枪林弹雨

根据移动目标调整投掷方法进行投准。

引导语：敌人马上就要进攻城堡了，现在请我们的小勇士们去城堡的外边拿一些砖块，好让我们加固城堡，不过路上敌人可能会有埋伏，我们要多加小心。

游戏玩法：搭建一个简易的城堡，在城堡外面设置一条运输通道，在通道的终点摆放若干小砖头（由奶箱子制成）；一组幼儿转移物资，另一组幼儿在通道两侧投掷伏击，然后交换角色进行。

重点提示：当球向我们丢过来的时候，我们要快速躲开，也可以用手里的道具保护自己不被球击中。

经验分享：引导幼儿如何击中移动中的目标，同时也要引导幼儿球来的时候能够快速地做出反应，使自己不被击中。

3. 游戏：攻城游戏

通过抢旗子，提高幼儿的团队意识。

游戏玩法：幼儿分为两队，一队负责进攻，另一队负责防守。进攻的幼儿选择防御用的道具，防守的幼儿可以将操场上的道具当作障碍物进行摆放。随后比赛开始，进攻幼儿只能走着前进，防守的幼儿进行攻击。

重点指导：进攻的小朋友和防守的小朋友要好好商量一下，怎么样才能拿到或者守护好旗子。

经验分享：引导幼儿遵守游戏规则，鼓励幼儿相互讨论探索，积极与同伴沟通合作。

（三）活动结束

幼儿分两队站好，相互做放松按摩，收放物品，活动结束。

五、活动延伸

可视幼儿的能力情况进行活动拓展，幼儿在能够较好地完成本次教育活动的前提下，可以使用一些极柔软的软包，进行躲避球的游戏拓展。

六、活动反思

（一）活动设计从幼儿的实际情况出发，以幼儿的兴趣点带动整个活动

《3~6岁儿童学习与发展指南》（以下简称《指南》）明确指出，健康是指人在身体、心理和社会适应方面的良好状态。发育良好的身体、愉快的情绪、强健的体质、协调的动作、良好的生活习惯和基本的生活能力是幼儿身心健康的重要标志，也是其他领域学习与发展的基础。

幼儿基本运动能力的学习过程具有动态性，幼儿在与环境和任务的共同作用中更容易发展出最佳运动模式。

我认为幼儿基本运动能力的发展具有一定的规律性，通过任务和环境的调整开展有目的的教育活动，可以丰富、扩展幼儿的运动体验，所以根据幼儿兴趣和发展水平设置了对抗性游戏——攻城。

幼儿园健康教育是要根据幼儿身心发展特点，综合运用多种活动形式，激发幼儿活动锻炼的兴趣，增强幼儿的体质。

幼儿进入大班，对对抗游戏产生了浓厚的兴趣，经常在户外与同伴开展对抗活动，如踢足球、打鸭子，由于大班幼儿身心发展比较稳定，正是机体能力迅速

发展时期，对各项动作都能够建立很好的条件反射，协调性、灵敏性也明显发展。

通过游戏和观察，我发现我班大部分幼儿上肢力量发展相对较薄弱，尤其是在进行投掷类的游戏时，常出现动作不协调、击物不准的现象。

为了发展幼儿投准和躲闪能力，综合使用沙包和户外器材，同时为了培养幼儿的团队合作意识，我选用分组对抗的方式设计这次体育活动，希望通过活动，以幼儿最喜欢的游戏方式发展投掷动作，提高幼儿身体的协调性、灵活性。

（二）活动的目标及重难点符合幼儿的现阶段能力，同时具有挑战性

根据幼儿的实际情况，使幼儿的上肢力量、目测判断能力得到提高，我设计的能力目标与认知目标分别是：根据目标物的位置，探索投准的方法；发展幼儿的投准能力。

与此同时，在体育游戏中使幼儿感受合作对抗的乐趣，不断思考游戏的新玩法，积极表达，所以我设定的情感目标是在游戏中感受与同伴合作游戏的乐趣。

投掷游戏能较好地发展对目标的目测判断能力以及对身体的控制能力。所以，活动的重点是能够控制力量击准目标。

大班幼儿正处于注意力、判断力以及大肌肉发展的关键期，但是在游戏进行到亢奋阶段的幼儿很难做到快速准确判断和对自己身体进行控制。所以本次活动的难点是瞄准投掷目标，目测距离，调整投掷角度，控制投掷力量。

（三）教育方法是从游戏中出发，让幼儿通过操作与学习自主获得经验提升

在本次教育活动中我所使用的教学方法有情境教学法、任务驱动法、讨论探究法、经验迁移法。

在本次教育活动中，引导幼儿的学习方法有操作法和游戏法。

无论是哪个领域的教学活动，老师都应成为学习活动的支持者、合作者、引导者。并在教学过程中尽量避免对幼儿进行过多的干预，让幼儿通过活动更加自主地去探索，如此才能得到一个很好的效果，让幼儿有更大的收获与提升。因此，在本次活动中我尽量减少了语言指导，让幼儿在游戏当中自主获得经验提升。

结合教育活动的有序性原则和本次活动的目标，按照幼儿体育教学活动的基本结构，我把活动过程分为三个大环节：活动开始、活动过程和活动结束部分。在活动过程中，我的三个游戏全程都将围绕着我设定的三个目标展开。

（四）以游戏的方式热身，使幼儿沉浸其中并使身体各关节充分活动

根据幼儿生理机能的活动变化规律，活动开始的准备是非常必要的一个环节。在准备活动中我为幼儿提供了充分的热身，避免在游戏过程中有幼儿受伤。

热身分为两步，第一步我引导幼儿站好，随着欢快的音乐节拍进行热身活动。热身活动着重对幼儿的头部、上臂、膝盖、手腕、脚腕等关节部分的预热舒展。

第二步我用旗杆当作蜡笔，带幼儿做一个蜡笔画的热身游戏，让幼儿能够更好更快地将身心融入游戏中。

（五）不同难度递增的游戏活动，让幼儿在自主游戏中逐步掌握投准要领

经过热身活动，幼儿的活动能力已经逐步达到较高水平，所以在活动过程环节，我设置了三个游戏。

首先，进行第一个游戏"神射手"，此游戏结合了《指南》中"引导幼儿创造性地进行身体活动，主动探索运动器材的多种玩法"的指导来设计。

开展体育教学活动时，我为幼儿提供自主探索的机会。用适当的语言和隐性示范，引导幼儿积极动脑，合作探索。让幼儿感知不同的沙包投掷方法，然后进行归纳小结，示范个别玩法，扩展幼儿思维，也为下一部分的游戏环节打下基础，让幼儿在轻松、愉快、自由的氛围中发展自主探索能力和创造性思维。

在第二个游戏"枪林弹雨"中，我让幼儿分为两队进行，其中一队幼儿扮演工兵去城外拿砖块搭城堡，另外一队幼儿当攻击的敌人。幼儿根据上一个游戏的经验，尝试击中移动的目标以及躲避飞过来的沙包。在游戏过程中我会时刻注意幼儿的状态，并适当地进行一些简单的提示性引导。

随后在第三个游戏"攻城游戏"中，提出游戏规则和可使用道具。尽量不使用任何指导，让幼儿们自行感知商讨，充分达到我所设立的目标要求，为幼儿创造共同参与商讨的机会，提高幼儿参与的积极性。

游戏结束后，引导幼儿说一说对于合作对抗游戏的感受，让他们自发感受到合作对抗游戏的乐趣。

在激烈的游戏之后放松身体，能让幼儿的身体由紧张的运动状态逐步转入相对安静的缓和运动状态，有助于消除运动疲劳。在活动结束环节中我带领幼儿围成一圈站好，让幼儿帮助身边的同伴揉揉肩捏捏腿做放松运动，在放松身体与情

绪的同时进一步让他们体会到合作的乐趣。

随后,我带领幼儿列队行礼,收放课程用品后列队走回教室,完成整个体育教学活动。

双脚夹包甩远

> **申请人简介**：我叫张博梁，男，已工作七年，任大班班长，对体育活动有着较为丰富的经验，组织体育活动具有语言风趣幽默、口令洪亮有带动力、示范动作标准等特点，在教学过程中能及时观察幼儿的动作及表现，并能根据幼儿的表现采取有效的策略，临场应变能力较强。
> **所在单位**：北京市东城区新中街幼儿园鼓楼分园
> **适用班级**：幼儿园大班

一、活动设计意图

幼儿在户外时经常与同伴一起探索沙包的玩法，在游戏的过程中他们对丢沙包的游戏进行了改编，通过用双脚夹包的方式，将小包甩给对方。但通过观察他们做游戏我发现，幼儿用双脚甩包的距离近，甩包动作不协调，他们对于夹包的位置与甩包的动作缺少进一步的探索与观察。于是我设计了此活动，与幼儿一起探索甩包游戏的基本动作与技巧，发展幼儿动作协调性。

二、活动目标

（1）掌握双脚夹沙包跳起向前甩远的方法。
（2）发展幼儿向前甩沙包的动作协调性。
（3）在沙包游戏中，培养幼儿的竞争意识。
活动重点：探索夹沙包跳起甩出的动作。
活动难点：掌握向前甩沙包的动作协调性。

三、活动准备

（1）物质准备：细沙沙包每人一个；音乐《玩具进行曲》《小跳蛙》；锥桶两个。

(2) 经验准备：幼儿有一定的纵跳基础，会玩沙包游戏。

四、活动内容

（一）活动开始

1. 队列队形练习（小松鼠进行曲）

入场—1路纵队—2路纵队（左右分队走）—4路纵队（切断分队走）。

2. 音乐律动：准备活动

重点指导：

(1) 有力度，到位，有精神。

(2) 各个动作与音乐节奏一致。

主要针对脚腕、膝盖、腰、肩等部位进行准备活动。

（二）活动过程

探索双脚夹沙包跳起甩出的方法。

1. 自由体验夹沙包跳，探索向前甩沙包的方法

引导语："你是怎样做到双脚跳起沙包也不掉的？"

老师小结：沙包夹在前脚掌不易掉。

2. 两人一组探索夹沙包跳起向前掷远

幼儿两人一组相互夹沙包，探索夹沙包跳起向前掷远的方法。

引导语："你是怎样把包甩给对面的小朋友的？"

让个别幼儿示范，其他幼儿观察同伴的示范动作。

老师小结：夹紧沙包，向上跳，再摆腿。

小组练习，夹沙包向前掷远。

引导语："你们小组里谁甩得最远？你是怎么甩的？"

老师示范，幼儿观察。

引导语："我是哪里用力才把沙包甩得很远的？"

老师小结：向上跳起，小腿、脚腕都用力向前摆。

3. 小组竞赛游戏

游戏玩法：每组一个沙包，轮流甩远，总长最远的队伍胜利。

重点指导：

(1) 沙包要用脚甩。

(2) 脚甩沙包时尽量保证方向正确。

老师小结：夹紧沙包，向上跳起，小腿、脚腕都用力向前摆。

（三）活动结束

听舒缓的音乐放松身体，拍打下肢、胳膊、腰、腿，相互拍拍肩、背，放松肌肉。

五、活动延伸

在做户外游戏时，组织幼儿共同游戏，体验双腿夹沙包甩远的乐趣。

六、活动反思

（一）活动设计来源于幼儿的发展需要或兴趣

《3~6岁儿童学习与发展指南》中指出，5~6岁的幼儿应有一定的平衡感和协调性。于是我设计了此活动，与幼儿一起探索甩沙包游戏的基本动作与技巧。

（二）活动目标符合幼儿当前的发展又具有挑战性

活动目标有以下几点：
(1) 掌握双脚夹沙包跳起向前甩远的方法，如往高跳、用力蹬腿。
(2) 发展幼儿向前甩沙包的动作协调性，如在最高点要把沙包甩出去。
(3) 在沙包游戏中，培养幼儿的竞争意识。
本次活动的重点是探索夹沙包跳起甩出的动作。
难点是掌握向前甩沙包的动作协调性。

（三）指导策略

1. 循序渐进，游戏由易到难

活动主要分为三个部分，其中第一部分是活动开始的准备部分，幼儿入场队列及准备活动。第二部分为活动过程：尝试动作、集体游戏、总结经验。第三部分是活动结束的放松部分，做一些放松身体的动作及汇总一些经验，并达到让幼儿在玩中学、学中玩的目的。

2. 列队入场，队列整齐

全班排成一列纵队，听到音乐以后，排成入场队列，在音乐的节点左右分队走,使队伍一分为二,然后第二个音乐节点是进行切断分队走,使队伍由二变四。

3. 律动准备,快速热身

因为本次活动是一个全身运动,所以我选择了一个节奏欢快的律动操来活动身体各部位,确保让幼儿在游戏之前做好身体预热准备,并逐渐熟悉激烈的体育活动。

4. 主动学习,在游戏中提高动作的协调性

活动过程我分为三个环节,分别是个人体验部分、小组合作部分和团队竞技部分。

第一个环节以体验动作为主要目的,第二个环节是在游戏中提升动作难度,第三个环节是利用有趣的游戏增加游戏体验。通过这三个环节,让本次活动从游戏中来,再回归于游戏。

(1) 任务驱动引发主动学习。

在第一个环节中,老师拿出沙包,提问幼儿都有什么玩法,然后引出这次的主要活动内容——沙包甩远。因为有的幼儿可能非常熟悉这个动作,而有的幼儿可能不是很熟悉,所以先让幼儿进行初步体验。在幼儿体验时我会提出问题:怎样夹住沙包才不会掉?本环节的重点就是让幼儿知道夹住沙包的方法,知道动作的最基础部分。

(2) 在体验中探索,让幼儿相互学习。

第二个环节是两人一组探索,此环节是本次活动的重要部分,一方面是让幼儿体验夹沙包甩远的快乐,另一方面是让幼儿在游戏过程中体验动作的重点,让每个幼儿都知道只有甩得远才能让自己的伙伴接到沙包,能力较强的幼儿慢慢地将距离拉大,让沙包甩得更远,这也是体验活动的难点。本次活动的难点在于让幼儿知道跳到最高点的时候将沙包甩出去,才能将沙包甩远,同时让幼儿学会掌握自身的平衡,达到发展平衡能力的目的。

这个环节中的重点提问是:"你是怎样把包甩给对面的小朋友的",让幼儿一边游戏一边能把沙包甩得更远。

重点指导语是夹紧包,向上跳,再摆腿。本环节的亮点是一边玩一边学,在游戏过程中可以让动作做得好的小组进行展示,一方面分享动作,另一方面鼓励幼儿,因为得到老师的表扬他们会更加开心。

在本环节可能出现的幼儿教育点是:及时发现表现好的幼儿并进行表扬,然后还要发现幼儿在游戏中的问题并及时更正。

（3）在挑战中提高，勇于挑战难度。

第三个环节是竞技比赛，本环节主要是为了让幼儿体验甩远的乐趣，所以不比速度，不让幼儿一味图快，而忽略动作的标准，使之前的活动功亏一篑。我会提前准备好一条小河道具，每组一条小河，以小组接力的方法进行游戏，一个沙包，每人甩一次，第二个幼儿继续向前甩，直到每个幼儿都甩完之后，距离总长最远的队伍获胜，本环节为了让幼儿努力甩远，还增加了一个正方向的提高，在方向正确的前提下，才能保障幼儿甩得更远更有效。在甩远的过程中，要保证方向的正确，这样才能甩得又远又准。

5. 运动后放松身体，养成运动后保护身体的好习惯

经过三个环节的游戏，幼儿的身体处在一个高度兴奋的状态，要让幼儿慢慢地平静下来，并让大肌肉进行有效的放松，就需要选择一个轻快的音乐，进行拉伸和拍打，从而使幼儿的身体得到放松。

重点说明：

（1）老师可经常使用哨子发出简单的命令，如列队、游戏开始等。

（2）指导个别幼儿时，要关注其他幼儿的游戏情况，不能打断正在进行的游戏。

（3）经验总结时可以多选择幼儿进行展示，以提高幼儿的自信心和成就感。

跳跳虎小队

> **申请人简介**：王骏华，东城区区级骨干老师，从教九年，自2012年到新中街幼儿园工作以来，一直在一线工作。对中大班幼儿的年龄特点和教学策略比较擅长，尤其是在健康领域方面，曾多次参加市区级观摩活动。
> **所在单位**：北京市东城区新中街幼儿园
> **适用班级**：幼儿园中班

一、活动设计意图

在日常和幼儿开展户外游戏时，我发现我班幼儿都非常喜欢玩跳跃游戏，幼儿双脚连续向前跳这一动作，存在全脚掌落地、跳跃不轻快以及持续性较弱的现象。结合《3~6岁儿童学习和发展指南》（以下简称《指南》）《幼儿园教育指导纲要》健康领域发展幼儿动作协调性、灵敏性的目标，我设计了体育活动"跳跳虎小队"，借助幼儿喜爱的卡通人物跳跳虎，以及不同难度的挑战任务，激发幼儿参与跳跃游戏的兴趣，探索和体会双脚连续向前跳的要领，发展身体的协调性、灵敏性。

二、活动目标

在本节活动中我预设了三个目标：
（1）能双脚连续向前跳且中间不停顿。
（2）探索轻轻落地的好方法。
（3）感受跳跃游戏的乐趣，体验成功，体验快乐。
活动重点：连续、不停顿。
活动难点：落地轻。

三、活动准备

（1）物质准备：标志线、敏捷梯、律动音乐、跳跳虎徽章。

(2) 经验准备：玩过双脚跳的游戏。

四、活动内容

（一）活动开始

活动开始的热身环节约为 5 分钟。目的是让幼儿在运动前从心理到身体做好充分准备。

律动热身：活动身体各关节。本环节重点活动下肢、膝关节和踝关节部位，一是充分活动游戏中将主要用到的关节部位，为活动做好准备；二是保护幼儿身体。

具体方法：

(1) 老师一队接一队带领幼儿，沿场地跑步进入操场，调动幼儿跑步情绪。

(2) 律动舞蹈活动身体各关节，重点活动下肢、踝关节。要求：动作与音乐节奏合拍、有力、到位。

（二）活动过程

活动过程约为 20 分钟。其中分为三个不同层次的游戏，以达成本环节活动的目标。

1. 游戏：跳跳虎小队

游戏目的：通过挑战不同难度的障碍，激发幼儿参与活动的兴趣，感受双脚连续向前跳的动作。

游戏方法：创设情境，以跳跳虎邀请跳得轻快又灵活的幼儿加入跳跳虎小队的方式，提出本环节活动的重点内容。

引导语：小朋友们，跳跳虎这次想邀请跳得轻快又灵活的小朋友加入他的小队，你们想不想加入他的小队呀？操场上有很多的障碍，看看你们谁能连续不停顿地完成挑战！

在场地中设置 6 个敏捷梯，让幼儿自主体验，在体验后说一说自己是怎么完成挑战的。

6 个敏捷梯需要分成三组。

第一组：改变敏捷梯空隙的间距，让幼儿可以在材料的变化下尝试用前脚掌发力起跳落地。

第二组：将敏捷梯的宽度变小，这样可以让孩子在连续双脚跳的过程中有意识地将双脚并拢。

第三组：将两个敏捷梯相连变长，这样可以让孩子有意识地进行连续性跳跃。

经验分享：请幼儿进行展示，老师引导幼儿观察并让幼儿再次体验。

老师总结：双脚起跳双脚落地、落地不停、两脚齐跳。

2. 游戏：不要吵醒维尼熊

通过在游戏中设置睡觉的维尼熊这一元素，幼儿可以探索轻轻落地的好方法。

第一次游戏后请幼儿进行展示，老师引导幼儿观察重点部位，如脚、手臂。分享经验后再进行第二次尝试。

经验分享：用前脚掌落地继续跳，落地屈膝，手臂上下摆动。

养护游戏：遵循幼儿运动规律，在本节活动中间进行养护游戏（哨子跳高），目的是放松幼儿身体，同时集中幼儿注意力，为后面的游戏做准备。

方法是老师将哨子扔高，哨子腾空时做相应的放松动作，可以拍拍手或拍拍腿，依据幼儿的兴趣可以随时改变，当哨子再次回到手里时停止动作，游戏时间40秒至1分钟。

3. 游戏：你追我跳

让幼儿在追逐游戏的刺激下，达到连续不停顿运动的目标并激发幼儿提高动作灵活性的愿望与意识，借助维尼熊爬的动作在活动中开展上肢运动，从而让幼儿在本次活动中达到全身运动的效果并锻炼身体的灵活性、协调性。

游戏玩法：将幼儿分成四队两组进行比赛，赛道距离增加到8米。扮演维尼熊的幼儿从起点用爬行的方式追跳跳虎，扮演跳跳虎的幼儿从距离起点3米的地方作为起始点开始连续跳。听到哨声两人同时出发，当跳跳虎到终点后维尼熊停止追击，成功躲过追击的奖励一枚勋章，各组完成一次游戏后角色互换。

（四）活动结束

活动结束的放松环节约为5分钟。

通过此环节让幼儿身体从运动的状态过渡到自然的状态，从而保护幼儿身体，让幼儿养成放松的好习惯。

在律动音乐下，放松身体各部位，重点放松下肢、膝关节、踝关节。活动自然结束。

五、延伸活动

通过本节活动后幼儿已经基本掌握了动作要领，可以带领幼儿开展花样双脚跳的活动，进一步激发幼儿的探索兴趣，还可以提供不同高度和宽度的障碍，提高幼儿起跳时的爆发力，为单脚跳和助跑快跳做前期准备。

六、活动反思

在本次活动中，我通过游戏难度的变化和多次体验的方法，帮助幼儿感受双脚连续向前跳的动作，从而达成本节活动的目标。通过向同伴学习、经验分享以及难度变化的方式突破本次活动的重点和难点。

活动整体遵循游戏带动、幼儿体验、提炼经验、提高能力四个层次设计。活动设计体现了《指南》精神，尊重了幼儿的学习特点和方式，最大限度地支持和满足了幼儿通过直接感知、亲身体会获取经验的需要。在游戏中，老师通过与幼儿的"个别互动"和"整体引导"交互式开展教学，真正做到了在关注全体幼儿能力发展的基础上，又兼顾了个体幼儿的发展。让幼儿"在玩中学，学中感，感中知"，提高幼儿身体的灵敏性，使幼儿感受体育游戏的乐趣。

超能陆战队

> **申请人简介**：我叫杨盛名，男，是新中街幼儿园的一名老师。我充满活力、诙谐幽默，不管是日常还是做活动，我都会把我的活力、幽默传染给每名幼儿，因而我成为幼儿心目中的孩子王。
> **所在单位**：北京市东城区新中街幼儿园
> **适用班级**：幼儿园大班

一、活动设计意图

大班幼儿已对跑有了前期经验但在灵活躲闪方面有些不足。我班幼儿有躲闪的前期经验，他们在户外活动时大多喜欢玩追赶的游戏，但在游戏中因为场地还有玩其他游戏的幼儿，所以玩游戏的幼儿不能很好地躲避其他幼儿，偶尔会发生因躲避不及而撞在一起的情况，结合《3~6岁儿童学习与发展指南》中发展协调性、灵敏性的目标，以及我班幼儿的实际水平与兴趣，我设计了这节"超能陆战队"活动，在活动中通过游戏锻炼幼儿的灵活躲闪能力，使幼儿对体育游戏有更浓厚的兴趣。

二、活动目标

（1）在四散追逐跑中提高躲闪的能力。
（2）探索躲避中不碰撞的好方法。
（3）在追逐游戏中体验游戏带来的乐趣。
活动重点：躲避不碰撞。
活动难点：灵活躲闪。

三、活动准备

（1）物质准备：绳梯3个、软包若干、粘粘衣20件、音乐。

（2）经验准备：有跑和躲闪的经验。

四、活动内容

（一）活动开始

活动开始的准备环节约为 5 分钟。

幼儿绕场地四周的绳梯慢走一圈，跑一圈。在绳梯上做高抬腿练习、脚步练习和摆臂练习。重点活动腿部、手腕、脚踝、背部。

（二）活动过程

本节活动我分成了五个部分，约为 25 分钟，第一部分是超能练习，借助幼儿熟悉的游戏调动幼儿参加游戏的兴趣。第二部分是超能躲闪，通过一对一的躲闪游戏总结躲闪的好方法。第三部分是群体间的躲闪游戏——对战，巩固提高幼儿的躲闪能力。第四部分是养护游戏，起到承上启下的作用。第五部分是决战巩固躲闪不碰撞的方法。

1. 游戏：超能练习

游戏目的：借助幼儿熟悉的游戏调动幼儿参与游戏的兴趣，回顾前期原地躲闪的经验。

游戏规则：两名幼儿为一组，在原地进行互粘，看谁先把球（软包）粘到对手的后背上。

引导语："今天我们陆战队要进行一次比赛，通过比赛的小队员获得超能勋章一枚。规则是面对面站在原地把球粘在对手后背上获胜。"

预设问题：为了胜负可能会出现两个人跑起来的情况。

解决问题：游戏前强调规则，游戏中再次强调规则。

重点提问：原地你该怎么躲闪？

经验分享：往出手反方向躲避。

2. 游戏：超能躲闪

游戏目的：根据已有的原地躲闪经验开展行进间的一对一躲闪游戏，总结运动中躲闪的经验。

游戏规则：两名幼儿为一组在场地上进行互粘，看谁先把球粘到对手的前胸。

预设问题：可能会出现不同组幼儿因观察不及时撞到一起的情况。

解决问题：集体讨论在游戏中躲闪其他幼儿的方法。

重点提问：你是怎么躲避他的进攻的？你是怎么把球粘到他身上的？

经验分享：在他跑来之前往反方向跑，跑到他前面把球粘在他身上。

3. 游戏：对战

游戏目的：通过"超能躲闪"游戏，在此环节进行多人次的躲闪游戏，在这个游戏中探索躲闪不碰撞的好方法。

游戏规则：分成两组，每名幼儿手里拿一颗球，哨声响起后进行攻击。哨声再次响起后游戏结束，哪队身上球少哪队获得胜利。（看运动量进行第二次游戏）

重点提问：你是怎么在躲避的时候不撞到别人的？

经验分享：抬头观察，提早躲避。

4. 游戏：让小球飞

游戏目的：承上启下，使幼儿身心放松，准备好进行接下来的游戏。

游戏规则：在场地中四散找到自己的位置，听老师的哨声把球向上抛出，抛出的同时幼儿拍手或者拍腿，看谁拍得多，最后还要接住球，玩之前老师进行示范并讲解。

5. 游戏：决战

游戏目的：巩固前期学到的躲闪不碰撞的好方法。

游戏规则：请一名老师来到场地里进行砍包游戏。分成两组，一组在场上先做游戏，另外一组在场边观察这一组的游戏。游戏结束后，哪组剩余的人数多哪组获胜。

预设问题：幼儿在躲避时可能会出现都躲在老师身后或者跑出游戏范围的情况。

解决方法：在开始前老师做示范并且进行游戏说明。

重点问题：怎么进行躲避？躲避时要注意什么？

经验分享：抬头观察，提早躲避，注意距离。

（三）活动结束

活动结束的放松环节约为 5 分钟。

通过此环节让幼儿身体从运动的状态过渡到自然的状态，从而保护幼儿身体，让幼儿养成放松的好习惯。

跟随音乐律动放松身体各环节，重点放松下肢、胳膊。让幼儿来到场地中间做放松操，颁发超能勋章，整理器材带队回班。

五、活动延伸

在传统游戏砍包中把沙包换成瑜伽球进行躲闪，再把瑜伽球换成沙包，从材料入手逐渐躲避更小更轻的物体，使幼儿熟练掌握躲闪的方法。

六、活动反思

（1）围绕目标设计趣味的游戏情节，让幼儿在不同的游戏情境中掌握躲闪的能力，提高幼儿身体协调能力。

（2）在游戏设计中，我注重整合多领域目标，拓展幼儿的经验，从音乐和游戏等外部环境的明显变化，给予幼儿更多感受。

（3）活动由浅入深，多层次挑战，让幼儿在活动中保持运动兴奋状态，积极主动参与游戏，达到运动目标。

丛林搬运工

> **申请人简介**：我叫赵卉，男，已在幼儿园工作五年，我非常喜欢和幼儿一起做游戏，在幼儿园一日生活中经常组织幼儿们进行体育游戏，在游戏过程中，我注意关注每名幼儿的动作发展情况并及时发现和解决问题。根据幼儿们的兴趣，我设计了适宜该年龄段幼儿的体育游戏，帮助幼儿解决动作发展问题。
> **所在单位**：北京市东城区新中街幼儿园
> **适用班级**：幼儿园大班

一、活动设计意图

在幼儿体质测试10米折返跑项目中，幼儿经常出现在转向的时候不能控制跑步速度和越线跑的现象，特别是最后冲刺速度不理想，没有冲刺意识。《3~6岁儿童学习与发展指南》《幼儿园教育指导纲要》（以下简称《纲要》）指出，在跑步中能够有一定的耐力，从不同角度发展幼儿的灵活性和协调性。"熊出没"是幼儿非常喜爱的动画片，幼儿们在日常活动中也经常扮演保护丛林环境、保护树木的角色。结合幼儿动作水平和兴趣，我设计了"丛林搬运工"活动，用搬运工的角色帮助幼儿在情景游戏中学习折返跑的技能。

二、活动目标

（1）能较好地控制跑动的方向和速度，进行快速折返跑。
（2）在折返跑的过程中探索快速冲刺的好方法。
（3）培养竞争意识和克服困难的精神。
活动重点：巩固折返跑的技能。
活动难点：在折返跑过程中要有冲刺意识，冲刺跑时要用力蹬地，用力摆腿摆臂。

三、活动准备

（1）物质准备：四色标志碟 16 个，小筐 8 个，自制纸球（果实）若干，自制报纸棍（或树枝，数量和幼儿人数相同），纸牌（宝物卡）若干，音乐（娃哈哈）。

（2）经验准备：幼儿有参加跑步比赛和体质测试的经验。

四、活动内容

（一）活动开始

活动开始的热身环节约为 5 分钟。

（1）入场：幼儿跟着音乐跑步进入场地，变换不同的跑步形式，最后摆出做准备运动的方阵。

（2）热身：通过游戏"奇怪的搬运工"，幼儿分成四队，分别通过慢跑、后踢腿跑、高抬腿跑、倒退跑的方式进行下一环节前的热身并熟悉活动场地。

（二）活动过程

活动过程约为 25 分钟。

1. 游戏：彩虹丛林

游戏规则：情景创设，我们来到了一片彩虹色的丛林里，里面有五颜六色的树木。你们想不想穿越过去欣赏一下美丽的景色？幼儿分别到达每个有标志碟的地方，进行往返跑接力。

场地布置：四队幼儿站在起始线上，每队幼儿前面设有四种颜色的标志碟，间距相同。

2. 游戏：运树枝

游戏规则：小朋友们，我们要跑到大本营去盖树屋，哨声响起后先跑到第一个站点去取树枝，拿到后迅速冲刺到大本营，第二名搬运工听哨声再出发。设置站点帮助幼儿提高减速制动再冲刺的意识。

场地布置：四队幼儿站在起始线上，在 5 米处放置小筐和树枝，20 米处设置终点线（大本营）。

3. 游戏：丛林夺宝

游戏规则：四队幼儿两两一组相距 10 米面对面分成两队进行比赛。将宝物卡（纸牌）放在场地中间，两队邀请一名幼儿来决定纸牌颜色，双方开始接力出发，翻到本队颜色的游戏卡可以取回小筐中进行积分。抢得多的一队获胜。通过游戏激发幼儿游戏兴趣，鼓励幼儿克服疲劳，勇敢迎接挑战。

场地布置：四队幼儿两两一组相距 10 米面对面分成两队，宝物卡放在场地中间。

（三）活动结束

活动结束的放松环节约为 5 分钟。

今天我们都成了丛林保护神，恭喜大家，现在请大家去邀请伙伴参加森林舞会吧。幼儿听律动音乐《娃哈哈》放松身体各个部位。同伴相互按摩放松，自然结束。

五、活动延伸

在活动结束后将与折返跑相关的体能锻炼游戏发到家长群中，请家长回家后带领幼儿继续做游戏。

（1）螃蟹吃米：在空旷场地中设置左右边线，在边线放置标志物，幼儿通过侧步、蹲走的形式进行摸线练习和增强下肢力量的练习。

（2）松鼠运粮：用家中闲置的毛绒玩具，家长和幼儿一起做接力运粮的游戏，游戏可反复进行。

六、活动反思

本节活动以"丛林搬运工"的角色贯穿游戏始终，设置"彩虹丛林""运树枝""丛林夺宝"三个游戏环节，围绕三个游戏目标进行突破，整个游戏环节围绕折返跑的动作进行设计。在 10 米折返跑的动作过程中，切实反映人体的灵敏素质。大班幼儿成绩在 6 秒左右才能达到优秀。所以，此节活动可以帮助幼儿有意识地提高跑步的速度，特别是在"运树枝"的游戏环节培养幼儿的冲刺意识。

《纲要》中指出 5~6 岁幼儿大脑的抑制过程逐渐加强，减少了冲动性，动作的目的性和自控能力逐渐提高。所以我设计了辨别标志碟颜色、查看纸牌颜色的环节，培养幼儿动作的目的性。大班幼儿喜欢尝试一些有难度、有冒险性的动作。所以我设计了穿越丛林的游戏情景帮助幼儿克服困难迎接挑战。本次活动综合地运用多种活动形式，提高幼儿的锻炼兴趣。

在组织体育活动时，要根据幼儿的年龄特点和季节特点，注重体能锻炼，灵活运用适当的组织形式与方法，以保证幼儿的运动量。折返跑的运动频率很高，应该适当加入过渡、养护环节，在运动中注意动静交替，随时提示幼儿调整呼吸。

通过本次活动，幼儿在折返跑的最后阶段有了冲刺跑的意识，幼儿在本次活动中能够感受到游戏的快乐和体验成功的成就感，在情景游戏中将自己和角色融为一体，在玩中掌握动作要领。本次活动运用动画人物和场景培养了幼儿热爱大自然、爱护丛林环境、爱护树木的好习惯。

我的优点是从日常生活中发现幼儿的动作发展问题，然后在活动中解决问题，随后又将此动作发展带到生活中去。

不足之处在于，整个游戏幼儿过于集中，缺少分散游戏和养护环节。

汪汪队历险记

> **申请人简介：** 我叫郭鹏，男，已在幼儿园工作三年。我平常喜欢运动，在幼儿园中经常带领幼儿们进行体育游戏，我善于发现幼儿们的动作发展问题，并设计幼儿们喜欢的体育游戏帮助他们解决问题。
> **所在单位：** 北京市东城区新中街幼儿园
> **适用班级：** 幼儿园中班

一、活动设计意图

在日常和幼儿们开展户外活动的时候，我发现我班的幼儿非常喜欢玩跑、跳游戏。我发现，幼儿助跑跨跳这一动作，存在起跳爆发力不足、起跳点不明确以及动作不连贯的现象。结合《3~6岁儿童学习与发展指南》《幼儿园教育指导纲要》在健康领域中提出的，要用幼儿感兴趣的方式发展基本动作，提高动作的协调性、灵活性的目标，我设计了体育活动"汪汪队历险记"。借助幼儿喜爱的卡通形象汪汪队，以及不同难度的挑战任务，激发幼儿参与跳跃游戏的兴趣，探索和感受助跑跨跳这一动作的要领，发展幼儿身体的协调性、灵活性。

二、活动目标

（1）能够利用助跑跨跳的方法跳过有一定高度和宽度的障碍物。
（2）探索起跳爆发力充足并且动作连贯的好方法。
（3）积极参与跨跳障碍物活动，勇于挑战自我，感受与同伴共同活动的乐趣。

活动重点： 能够利用助跑跨跳的方法跳过有一定高度和宽度的障碍物。
活动难点： 能控制好起跳的爆发力，并且动作连贯。

三、活动准备

（1）物质准备：海绵棒、地垫、能量球、音乐、信封、小脚丫（即时贴）。

(2) 经验准备：有双脚连续跳和纵跳的动作基础。

四、活动内容

（一）活动开始

活动开始的热身环节约为 3 分钟。

（1）入场：幼儿跟着音乐跑步进入场地，变换不同的跑步形式，最后摆出做准备运动的方阵。

（2）热身：老师带领幼儿进行准备运动。

（二）活动过程

活动过程约为 20 分钟。

1. 游戏：汪汪队大冒险

游戏规则：情景创设，今天各位汪汪队的小队员们要和队长执行任务，任务中会有各种陷阱，我们先来尝试一下能否不被陷阱困住。

场地布置：分别用地垫、组装好的海绵棒等障碍物摆放在场地四周。

2. 游戏：汪汪队大比拼

游戏规则：所有汪汪队队员分为四组在场地四角的基地，哨声响起后利用助跑跨跳的方法跳过障碍物接力去场地中央获得更多的能量球放回自己基地，结束后能量球最多的一组获胜。第二次游戏将"小脚丫"贴在障碍物前的起跳点，帮助幼儿保持动作连贯性，起跳脚充分发力。

场地布置：将能量球放在场地中央，四组幼儿在场地四角，每组与能量球之间设置相同难度障碍。

3. 游戏：汪汪队立大功

游戏规则：场地上有一定宽度的小河（用两排海绵棒隔出一定距离），幼儿分为四组在场地四周。分组出发跨过障碍物，将"信封"送到"中心信箱"，完成后回到队尾，幼儿反复进行，直到把"信封"送完为止。

场地布置：在场地中心设置信箱，每组与信箱之间设置障碍物，第二次游戏调节难度。

（三）活动结束

活动结束的放松环节约为 2 分钟。跳律动操，重点活动下肢、腰部、脚腕、膝盖，自然结束。

五、活动延伸

在活动结束后将与助跑跨跳相关的亲子游戏发到家长群中，请家长回家后带领幼儿继续做游戏。

（1）跨栏跑：家长坐在地上双腿抬起一定高度，幼儿做跨栏游戏，家长可根据幼儿能力适当调整双腿高度。

（2）穿越障碍：用家中闲置的物品摆放成一列，家长和幼儿一起做穿越障碍的游戏，游戏可反复进行，逐步增加游戏难度。

六、活动反思

通过本次活动幼儿掌握了助跑跨跳的动作，并且能够通过使用助跑跨跳的动作跨过有一定高度和宽度的障碍物，幼儿在本次活动中能够感受到游戏的快乐和体验到成功的成就感。

我的优点是从日常生活中发现幼儿们的动作发展问题，进而解决问题，随后又将此动作发展，带到生活中去。

我自身的不足是指导语不够清晰，对幼儿的动作指导不够到位。

小兔来闯关

> **申请人简介**：我叫倪雪春，是一名多年从事小班教育教学工作的一级教师。我能够针对小班幼儿的年龄特点，以及身体发育、动作发展特点来开展体育游戏活动。针对不同的动作发展目标，创设情境，激发幼儿参与运动的兴趣，让幼儿在游戏中得到发展。
> **所在单位**：北京市东城区新中街幼儿园
> **适用班级**：幼儿园小班

一、活动设计意图

小班幼儿的平衡能力比较弱，在走平衡木的时候，有些幼儿不敢走，有些幼儿在平衡木上不能双脚交替往前走。根据《3~6岁儿童学习与发展指南》（以下简称《指南》）中提出的3~4岁幼儿能够沿地面直线或在较窄的低矮物上走一段距离这一发展目标，我设计了"小兔来闯关"的体育活动。本次活动利用不同高度、宽度和长度的平衡材料，让幼儿在高低不一的平衡材料上行走闯关，发展幼儿的平衡能力、协调能力和灵敏性，并感受闯关成功带来的快乐。

二、活动目标

（1）能较平稳地在高25厘米、宽15厘米的平衡木上行走。
（2）体验双脚交替走平衡木的方法。
（3）挑战一个人走平衡木，增强自信心。
活动重点：平稳地走平衡木。
活动难点：学会双脚交替地走平衡木的方法。

三、活动准备

（1）物质准备：音乐《兔子舞》《萌萌哒小白兔》，15厘米宽地垫拼接的小路若干条，矮宽平衡木、标准平衡木、"小花"和"大萝卜（用布缝制而成）"若干。

(2) 经验准备：走过平衡木，会跳热身律动舞《兔子舞》。

四、活动内容

（一）活动开始

活动开始的热身环节约为 2 分钟。通过跳《兔子舞》进行热身活动，活动身体各部位，避免在活动中受伤。

(1) 老师装扮成兔妈妈，启发谈话：今天天气好，到户外去做游戏，好不好？

(2) 跳《兔子舞》，活动身体各部位，重点活动手臂、腰、腿、脚踝等部位。

重点指导：跟着音乐节奏，引导幼儿做动作，活动身体各部位。

（二）活动过程

本环节约为 12 分钟，通过设计四个闯关游戏，让幼儿挑战单脚站立、走窄路、走宽窄不同的平衡木，使幼儿的平衡能力、协调能力得到发展。

1. 第一关：游戏"不倒翁"，锻炼单脚站立保持身体平衡

(1) 介绍游戏玩法。

老师说儿歌，幼儿随儿歌左右摆动，说到最后，幼儿单脚站立，看看谁能站得稳。让幼儿说一说是怎么站稳的，然后再试一试。

儿歌：不倒翁，翁不倒——幼儿双脚站立，左右摇晃身体；

左右摇摆倒不了——先左右摇晃，说到"倒不了"时，单脚站立，双臂伸平。

(2) 让幼儿说一说是怎么站稳的，然后再试一试。

(3) 小结：伸平两臂，保持平衡。

(4) 重复游戏。

2. 第二关：游戏"走小路"，双脚交替沿"小路"往前走，发展平衡能力

引导幼儿观察几条"小路"（有长有短），提示游戏规则：双脚走在小路上，不能踩到地上。老师通过分组，引导幼儿双脚连续跳到不同"小路"前，让幼儿自由探索走"小路"的方法，说说怎么能走得稳，不踩到地上。再让幼儿分组走小路。成功的小组获得小花奖励。

(1) 引导幼儿观察场地上的小路。

（2）介绍游戏规则。

（3）让个别幼儿尝试，老师进行指导。

（4）分组进行游戏。

（5）组织幼儿说说怎么才能走得稳，不踩到地上。

（6）小结：眼睛看哪里？双脚交替往前走时，脚尖脚后跟在一条直线上。

3. 第三关：游戏"过小桥"，鼓励幼儿敢于在较宽的平衡木上行走

引导幼儿观察第三关小桥，请个别幼儿进行尝试，说说是怎么走的。让幼儿自由尝试走小桥，重点指导不敢走和双脚来回蹭着走的幼儿，引导其双脚交替往前走，及时给予表扬与鼓励。（设置不一样的小桥）

（1）引导幼儿观察场地上的小桥（低窄的、高宽的）。

（2）介绍走小桥的规则。

（3）让幼儿尝试探索，老师进行保护和指导。

（4）分组进行游戏。

（5）组织幼儿说说怎么才能走得稳，不掉到地上。

（6）说儿歌，总结走小桥的方法：小兔小兔要过桥，张开双臂走上桥，心不慌，身不摇，一步一前走过桥。

4. 第四关：游戏"过独木桥"，控制身体平衡，走过高25厘米、宽15厘米的平衡木

首先启发谈话，进一步激发幼儿参与的兴趣。老师："兔宝宝很勇敢，已经成功闯过三关，现在要闯最后一关，有没有信心？"引导幼儿观察平衡木，说闯关规则：双脚交替走过平衡木，不从上面掉下来。让个别幼儿试一试，说说是怎么走过的。怎么才能保持身体的平衡？说儿歌，掌握走平衡木的要领。

（1）谈话激发幼儿挑战的想法。

（2）观察平衡木，让个别幼儿尝试，老师进行指导并介绍规则。

（3）分组进行游戏。

（4）组织幼儿说说怎么才能保持身体平衡，走得稳，不掉到地上。

（5）让幼儿按顺序排队走独木桥，老师用儿歌提示，对个别幼儿进行重点指导，激发幼儿勇于挑战的精神，老师做好安抚和保护工作。

（6）说儿歌，掌握走平衡木的要领：独木桥，窄又长，小兔勇敢来过桥；两臂伸平身站直，抬头双眼往前瞧；脚尖向前桥上踩，双脚交替走过桥。

（三）活动结束

首先，对完成闯关游戏的幼儿进行表扬，听音乐《萌萌哒小白兔》做律动操，老师带幼儿做舒缓放松的动作，伸伸臂，弯弯腰，踢踢腿，使幼儿在轻松愉

悦的气氛中结束活动。

(1) 进行闯关游戏小结。

(2) 听音乐《萌萌哒小白兔》做身体拉伸放松活动。

五、活动延伸

(1) 幼儿在家可以沿地砖的线练习双脚交替走直线。

(2) 在小花园以及安全的马路边，在家长的看护下，幼儿通过走马路牙子，锻炼身体的平衡能力。

六、活动反思

在本次活动中，我通过游戏难度的变化和多次体验的方法，帮助幼儿感受双脚连续向前跳的动作，从而达成本次活动的目标。通过同伴学习、经验分享以及难度变化的方式突破本次活动的重点和难点。

活动整体遵循游戏带动、幼儿体验、提炼经验、提高能力四个层次设计。活动设计体现了《指南》精神，尊重了幼儿的学习特点和方式，最大限度地支持和满足了幼儿通过直接感知、亲身体会获取经验的需要。在游戏中，老师通过与幼儿的"个别互动"和"整体引导"交互式地开展教学，真正做到了在关注全体幼儿能力发展的基础上，又兼顾了个体幼儿的发展。让幼儿"在玩中学、学中感、感中知"，提高幼儿身体的灵敏性，使幼儿感受体育游戏的乐趣。

我总结的具体经验如下：

(1) 在活动设计过程中，明确动作的要领，分层次逐步解决。

(2) 提供材料，分不同难度，满足不同水平幼儿的需要。

(3) 创设适宜的情景，调动幼儿参加游戏的兴趣。

(4) 通过儿歌帮助幼儿掌握动作要领，促进幼儿动作的发展。

(5) 通过不同层次的体验，让幼儿逐步掌握动作要领。

小螃蟹运西瓜

申请人简介：我叫蔡薇薇，25岁，是北京市东城区新中街幼儿园春秀路分园的老师，毕业于北京青年政治学院学前教育专业，后在天津理工大学社会工作专业续本。毕业后我来到了新中街幼儿园，这是我工作的第五年，体育学科是我新涉猎的领域，虽然这是我第一次开始设计体育活动，但我发现体育活动非常生动有趣，是幼儿园课程不可或缺的一部分。
所在单位：北京市东城区新中街幼儿园春秀路分园
适用班级：幼儿园中班

一、活动设计意图

之前在圣诞节时，部分幼儿玩过夹球测步走的游戏，幼儿们对此很感兴趣，但是当时时间比较紧张，我没有清楚地为幼儿们讲解游戏规则，指导得也不够细致，所以这次我特地设计了一节健康活动"小螃蟹运西瓜"，这次活动以夹球侧步走为基础，增加了背靠背夹球走环节，这为整个游戏增添了难度，也丰富了游戏的情景。

二、活动目标

（1）动作：尝试与同伴合作用身体夹物侧步走，提高身体协调性。
（2）技能：能够合作侧步走运物，并能走过一定距离。
（3）情感：在游戏中感受同伴合作带来的乐趣。
活动重点：双人合作侧步走运球。
活动难点：探索夹物走不掉的方式。

三、活动准备

物质准备：15个西瓜充气球、3个大筐、起点线、音乐。

经验准备：有侧步走的经验。

四、活动内容

（一）活动开始

引导语：春天到了，小螃蟹睡醒了，现在他要出去玩啦！小朋友们快和薇薇老师一起化身小螃蟹，让我们一起动起来吧。

播放音乐《快乐的小螃蟹》，幼儿跟随老师听音乐进行热身，活动全身，重点活动四肢。

（二）活动过程

1. 游戏：小螃蟹爬得快

（1）练习侧步走。

老师：小朋友们，你们看过小螃蟹是怎么走路的吗？（侧着）个别幼儿示范。

老师小结：这叫侧步走。

（2）双人练习侧步走。

老师："两个螃蟹朋友面对面抱住对方，一起走。"

"刚才我发现有的小朋友出现了问题，他们总是走不到一块儿去，小朋友们你们有什么好方法吗？怎么能让我们的步伐一致呢？"

"没错，我们走的时候，要出同一侧的腿，可以试着喊'121'的口令来保证我们的步伐一致。"

（3）双人练习背靠背侧步走。

老师："除了一起面对面侧步向前走，你们还有什么好办法可以一起侧步走吗？对啦，那我们试一试背靠背侧步向前走吧。两个螃蟹好朋友背靠背，两个的手臂交叉，一起试一试吧！"

2. 练习游戏

练习两人腹部或背部夹球，运球侧步向前走过一定距离。

（1）幼儿两两合作夹球走。

老师关注幼儿运球情况，提醒幼儿用正确的方式运球，不要用手碰球。

老师："两个螃蟹朋友面对面或背对背一起走。我们可以尝试用口令'121'保持步调一致。"（集体练习两三次）

（2）总结。

两人侧步走的时候，我们用口令来保持步调一致才能更快地运球。在运球的过程中两个小朋友要相互抱紧或者靠紧对方的身体，将球夹在中间球才不会掉。

3. 竞赛游戏：小螃蟹运西瓜

老师："看来我们的小螃蟹们走得都很不错了，那我们来一场运西瓜比赛吧！"

游戏规则：两个小朋友侧着向前走，将球运到终点的筐里，可以将球夹在胸口也可以背靠背夹球。

五、活动延伸

我们的小螃蟹运西瓜都辛苦啦，快来放松一下吧。小朋友之间相互拍拍腿、拍拍背，用球滚一滚身体，放松一下。

六、活动反思

（一）说教材

中班幼儿的肢体发展高于小班幼儿，又低于大班幼儿。他们比小班的幼儿会玩但没有大班幼儿那种肢体发展协调能力，所以对于中班的幼儿来说，游戏是一种最好的教育方式。寓教于乐，寓教于游戏之中，这次我设计的体育游戏是"小螃蟹运西瓜"。这次活动以夹球侧步走为基础，增加了背靠背夹球和小螃蟹运西瓜的情景，让所有的幼儿都可以练习尝试一下，锻炼与同班幼儿合作、侧步走运球的能力。

（二）说学情

中班幼儿已经适应了幼儿园的生活，并且喜欢上了幼儿园的集体活动。在各项活动中，幼儿愿意参加自己喜欢的活动，但个别幼儿对活动的兴趣不强。幼儿基本养成了一些良好的生活、卫生习惯，有初步的生活能力，中班幼儿的自我保护意识比较差，需要老师经常提醒。在户外活动中，幼儿表现出喜爱体育活动，个别年龄小的幼儿动作不协调。大部分幼儿会使用多种运动器械锻炼身体，但还不能有秩序地收拾运动器械。

我所带班级是中班，但其实更像是个混龄班，有的幼儿之前甚至没有上小班，直接来幼儿园上的中班。但是有的幼儿呢，在外边已经上过一年小班，例如，有些幼儿的肢体非常协调，日常的韵律操学几次就能做得非常标准，但是有的幼儿学起来就比较慢，有的时候因为着急还会哭。所以他们的能力甚至年龄、身高差异还是比较大的。所以，在设计这次活动的时候，我选择两种玩法进行最后环节的比赛，一种是面对面抱球侧着走的方法运球，另一种是背靠背夹球的方法运球。幼儿自己选择玩法，尊重幼儿个体的差异。

（三）说目标

我根据动作、技能、情感三个维度制定了本次活动的目标。
（1）动作：尝试与同伴合作用身体夹物侧步走，提高身体协调性。
（2）技能：能够合作侧步走运物，并能走过一定的距离。
（3）情感：在游戏中感受同伴合作带来的乐趣。
根据活动目标及幼儿实际，我把重点定位于双人合作侧步走运球。

（四）说准备

活动准备是为活动目标的完成而服务的，老师要在活动前对幼儿的已有经验进行分析。只有重视幼儿的经验准备，才能不断引导幼儿在原有基础上建构新的经验。因此，为了使活动更好地开展，我做了充分的准备，活动准备从经验准备、物质准备入手。

（五）说教学法

关注幼儿的主体地位，运用多种形式供幼儿学习，我采用情境法、示范法、观察法、提问法、讲解法、游戏法、指导法、谈话法帮助幼儿更好地完成目标，然后一一展开。

（六）说亮点

幼儿们喜欢小螃蟹的形象设计，小螃蟹运西瓜的情景激发了幼儿的兴趣，比赛环节尊重了个体差异，让幼儿选择适合自己的方式用气球运球。

森林足球运动会

申请人简介： 我叫侯英杰，2016年7月正式入职新中街幼儿园，现在担任体育健康学科教师，我在工作中积极向上，能够将所学知识技能充分运用到教学过程中，现已成为较有经验的幼儿教师，并在全国少儿足球星计划"体彩杯"中获得风采教练奖，被"中国关心下一代工作委员会健康体育发展中心"评为"全国少儿足球幼儿足球先进工作者"，等等。
所在单位： 北京市东城区新中街幼儿园春秀路分园
适用班级： 幼儿园中班

一、活动设计意图

我班幼儿对足球有很大的兴趣，经过平日的足球游戏活动也积累了一定的足球经验，比如，能用脚内侧和脚外侧踢球；能够在球门前瞄准后再射门。但是就我日常观察，我发现我班幼儿在足球活动中经常出现球从脚下溜走、停不住球的情况。为了让幼儿在踢球时能控制足球速度，掌握停球时脚踩球的动作要领，我设计了本次"森林足球运动会"活动，锻炼并提高幼儿的下肢力量和身体协调性，让幼儿在活动中感受到足球游戏带来的快乐。

二、活动目标

（1）锻炼幼儿的下肢力量和身体协调性。
（2）结合游戏提高幼儿的紧急停球能力。
（3）激发幼儿对足球的兴趣。

三、活动准备

足球、标志碟、老虎玩偶。

四、活动内容

(一) 活动开始

幼儿跟随老师听音乐进行热身，活动全身，协调动作，重点活动下肢。

(二) 活动过程

1. 游戏：动物停球

引导语：小朋友们，我听说要举办森林足球运动会了，你们猜猜都谁去了？那请我们每人拿一个足球，听到老虎裁判的哨声后变身成你最喜欢的小动物停住球。

游戏规则：幼儿听到哨声四散带球走，用身体的不同部位停球。

老师带领幼儿讨论用什么动作能够最快停球，老师示范正确动作。

老师和幼儿讨论得出，大象停球是最好最快的方法。幼儿再次进行游戏并练习大象停球。场地示意如图 1 所示。

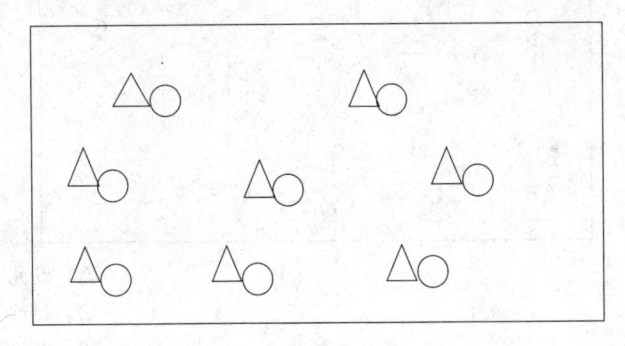

△：幼儿
○：足球

图 1　游戏 "动物停球" 场地示意

2. 游戏：足球运动会

引导语：动物运动会正式开始，请小动物们快速带球到交接球点，将球取回放在脚下，把带过去的球放在交接球点上，迅速带回，看看哪组小动物停球停得又稳又快。

游戏规则：标志碟上放一颗足球设为交接球点，幼儿将球带过去换球带回。老师和幼儿讨论是怎么停的球？老师请幼儿示范，再次进行游戏。场地示意如图 2 所示。

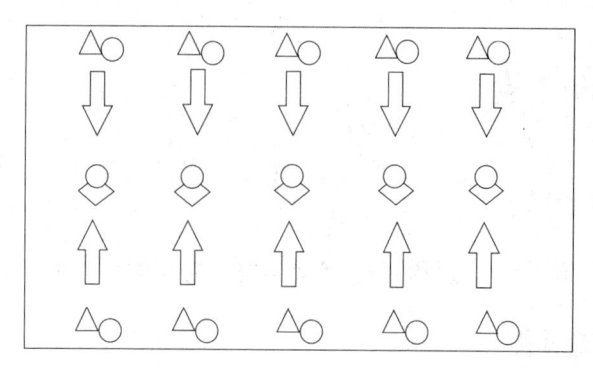

△：幼儿
○：足球
◇：标志碟

图 2　游戏"足球运动会"场地示意

3. 游戏：欢乐大满贯

在规定场地内幼儿进行升级游戏，幼儿带球向前行进，在途中停球将奖杯拿在手里后继续前进，到交接球点后换球抱球回到起始点。

游戏规则：幼儿带球走，将中途老师摆放的标志碟带到终点换球取回。场地示意如图 3 所示。

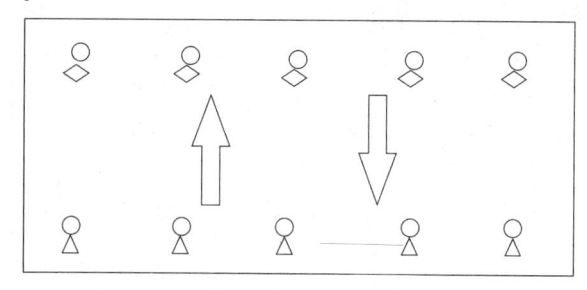

△：幼儿
○：足球
◇：标志碟

图 3　游戏"欢乐大满贯"场地示意

（三）活动结束

引导语：动物运动会圆满结束，请小动物们将我们的运动会器材送回仓库，跟着老虎裁判整理整理我们的身体。

集合两队幼儿将球送回，两人一组进行肩、腿、踝的放松活动。

五、活动延伸

在日常体育活动中继续开展足球游戏，增加幼儿参与游戏的兴趣，让幼儿掌握足球技能，丰富足球游戏内容，提高幼儿对足球运动的了解和热情。

六、活动反思

本次活动目标基本达成，幼儿在游戏中能够掌握紧急停球的动作要领，并且对整个情景设定有浓厚的兴趣，愿意积极参加游戏，能够和老师一起探讨。因为在之前观察游戏时，我发现了幼儿经常出现球从脚下溜走、停不住球的情况。为了让幼儿在踢球时能控制足球速度，提高停球时脚踩球的动作水平，我首先设计了"动物停球"这一环节，让幼儿了解正确的停球方法。然后在此基础上增加活动量和带球停球难度，让幼儿移动带球到"交接点"，感受在什么时间停球，用多大的力量停球是合适的。最后在"欢乐大满贯"的游戏中再次升级，给予幼儿一定的挑战性和活动趣味性。在整个教学活动中，我以"森林足球运动会"为情景将所有环节贯穿其中，然后利用音乐和老虎玩偶消除幼儿和老师之间的距离感，使幼儿在活动中感受游戏带来的快乐。

下雨啦

> **申请人简介：** 我叫田梦迪，从事幼儿教育工作已经六年了，这期间我深深感受到让孩子喜欢自己最快的方式就是我也变成一个孩子，组织设计他们真正喜欢的活动，尊重每名幼儿，也要适度放手，让幼儿自己探索发现。回顾这些年的工作，有很多和幼儿们在一起开心的场景，而体育活动是最能让幼儿们感受到快乐和自由的活动。
> **所在单位：** 北京市第一幼儿园海晟实验园
> **适用班级：** 幼儿园小班

一、活动设计意图

（一）贴近幼儿生活

下雨是我们经常会遇到的天气，尤其是在夏天，每到下雨的时候，幼儿们总是表现得很兴奋，喜欢雨也喜欢下雨天。因此选择有关"下雨"的体育活动主题会让幼儿感到亲切熟悉，又在熟悉中有新的感受，会充满兴趣地积极参与到体育活动中。

（二）符合小班幼儿的年龄特点

小班幼儿喜欢模仿游戏，喜欢游戏化、情景化的活动，本次活动以小兔子的故事情节带入，让幼儿在情景化的游戏中达到体育锻炼的目的。

（三）逐渐形成分组游戏、合作游戏的意识

小班下学期已经开学了一段时间，幼儿彼此间更熟悉，通过此游戏让幼儿感受分组游戏、合作游戏，通过彩虹伞游戏让幼儿体会到和同伴共同游戏的乐趣。

二、活动目标

(1) 能听指令做动作，具备初步的合作意识。
(2) 练习双脚行进跳，增强腿部力量。
(3) 在游戏中能保护自己，感受体育游戏的乐趣。

三、活动准备

(1) 物质准备：一个铃鼓、一张兔妈妈胸贴、每名幼儿一张兔宝宝胸贴、四个小筐装上用卡纸剪好的若干彩色小蘑菇、彩虹伞、开场音乐《小白兔白又白》、热身音乐《健康歌》、雷声和雨声的音频。
(2) 经验准备：幼儿有玩彩虹伞的经验。

四、活动内容

(一) 活动开始

1. 戴好胸贴，随音乐进入场地

播放音乐《小白兔白又白》，将兔妈妈和兔宝宝的胸贴在衣服上贴好。
老师和幼儿一起跟随音乐蹦跳着来到活动场地。

2. 热身活动

引导语：兔宝宝们，今天兔妈妈要带你们去森林里采蘑菇。采蘑菇前我们先来活动活动身体吧！
听音乐自然站队，幼儿和老师一起随音乐《健康歌》做热身活动。

(二) 活动过程

1. 创设情境

(1) 创设情境，练习双脚行进跳。

引导语：兔宝宝们，我们来到了森林里。森林里有很多蘑菇，你们看到了吗？我们要去采蘑菇啦，采蘑菇的时候我们要像真的小兔子一样，一蹦一跳地去采蘑菇。现在请你学一学小兔子是怎么跳的？

指导重点：双脚并拢向上、向前跳。

（2）创设下雨情景，引导幼儿知道下雨时要打伞。

①播放雷声、雨声。

引导语：兔宝宝们，你们听这是什么声音？（播放轰隆隆的雷声）是打雷啦！打雷之后就可能会下雨，那我们应该怎么办呢？

鼓励幼儿大胆说出自己的想法或者做法，进行下雨时的安全教育。

②模仿下雨的时候跑回家的情景。

引导语：下雨啦！兔宝宝们快回来吧！

引导幼儿听到打雷下雨的声音，马上打起小伞（用双手挡在头顶上），跑回家。

注意在奔跑的过程中不要撞到其他小朋友。

2. 体育游戏：下雨啦

（1）了解游戏规则。

引导语：兔宝宝们，你们要像小兔子一样双脚一起跳着到森林的不同地方（四个筐的地方）去采蘑菇，把采好的蘑菇放到兜兜里。当你们听到雷声和雨声的时候，要马上用双手举着小伞轻轻地跑回家，然后蹲下来躲雨，不要让自己淋湿了。在跳和跑的过程中要注意安全，不要撞到身边的其他小兔子。

（2）幼儿进行游戏。

引导语：兔宝宝们加油！现在去采蘑菇吧！

幼儿采到蘑菇后播放雷声和雨声的音频，并摇响铃鼓发出指令：下雨啦！引导幼儿举着小伞跑回家。

第一遍游戏结束后鼓励幼儿的表现，并提出下次游戏需要注意的地方。

（3）幼儿再次游戏。

引导语：我的兔宝宝们真棒！你们都没有被淋湿，特别快地就举着小伞跑回家了。

3. 游戏：下雨啦！彩虹伞

（1）介绍彩虹伞的作用。

引导语：兔宝宝们，我们不仅有自己的小雨伞，还有一个所有兔宝宝的大雨伞——彩虹伞。当下雨的时候彩虹伞就会升起来，兔宝宝们就能躲进去避雨啦！

（2）了解游戏"下雨啦！彩虹伞"的游戏规则。

引导语：这一次有一些小兔子去采蘑菇，有一些小兔子留在这里和兔妈妈一起撑起彩虹伞！采蘑菇的小兔子听到兔妈妈摇起铃鼓喊"下雨啦"的时候，请你轻轻地跑到彩虹伞下面避雨。和兔妈妈一起留在这里的小兔子，听到"下雨啦"的时候，请你和兔妈妈一起举起彩虹伞，让采蘑菇的小兔子躲进来。当听到兔妈妈说"雨停了，天晴了"的时候，小兔子们就要快速地跑出彩虹伞。我们来试一试好不好？

（3）幼儿分组进行游戏。

当幼儿听到"下雨啦"的指令后躲进彩虹伞下，老师一边说儿歌（大雨大雨往下倒，大家都到伞下躲，我们一起举起伞，小兔子们跳一跳）一边和幼儿一起向上抖动彩虹伞，同时提醒在彩虹伞下的幼儿双脚一起用力向上跳。

（4）交换角色再次做游戏。

采蘑菇的小兔子和高举彩虹伞的小兔子交换角色，再次做游戏。

（三）活动结束

引导语：我们的小兔子真棒！采到了很多小蘑菇，还学会了躲雨。现在我们要一起回家休息了。

幼儿排队有序回班。活动照片如图1所示。

图1 活动照片

五、活动延伸

回到班里后到美工区自制小雨伞。共同阅读关于雨天的绘本《下雨天去郊游》《下雨了》。

六、活动反思

　　本次体育活动选择的内容与幼儿生活经历相关，又符合小班幼儿年龄特点和实际水平；并具有一定的挑战性，让即将升入中班的幼儿具备分组游戏和合作游戏的意识。活动的引入用了幼儿很熟悉的节奏欢快的音乐，幼儿能够以轻松愉悦的心情参与到体育活动中。兔妈妈和小兔子来到森林中的情景设定，既达到了体育活动前做准备活动的目的，同时又使活动一开始就创设了一种轻松活泼、生动有趣的氛围，使幼儿精神愉快，提高了幼儿对本次体育活动的兴趣，而后自然而然地过渡到小兔子采蘑菇的游戏中。整个游戏都是情景化的，幼儿仿佛成为真正的小兔子去采蘑菇、去躲雨。通过兔妈妈和小兔子的角色扮演、老师情景化的引导语以及老师也变成一只大兔子参与游戏的过程，更让幼儿在整个游戏中充满浓厚的兴趣。虽然是体育活动，但在活动过程中我比较注重安全教育，鼓励幼儿大胆说出自己遇到下雨的时候会怎么做，并告诉幼儿哪些做法正确，哪些做法是危险的，同时时刻提醒幼儿注意运动安全，不要撞到其他幼儿。

　　幼儿在整个游戏过程中能充分体验到游戏的快乐，幼儿能在两个游戏中提高双脚原地跳、行进跳的能力，提升腿部力量。彩虹伞的游戏加大了难度，具有层次性，让幼儿在独自游戏的基础上，体验和同伴共同举起彩虹伞为同伴遮雨，感受共同游戏、分组游戏的快乐。本次活动基本完成了所设计的活动目标。

　　需要改进的地方：在材料的准备上不够充足，出现了蘑菇不够采的情况，在第一个游戏中还可以设计下雨时幼儿去找伞的情节，如果有卡纸做的圆形伞让幼儿遮雨比用手遮雨更具情境性，幼儿参与感更强，并能锻炼幼儿在游戏中做到不争不抢、有序游戏。活动结束的时候比较匆忙，应该在最后的环节设计一个放松活动，可以是模仿小兔子睡醒放松身体。

投粽喂小鱼

> **申请人简介**：我叫李梦蕾，2008年从中华女子学院学前教育系毕业后，来到北京市第一幼儿园海晟实验园工作至今，我细心钻研幼儿五大领域的活动、中国传统文化与幼儿园教育的融合等课题，论文获奖颇多，文章也曾被发表，我愿在一线岗位上持续发光发热。
> **所在单位**：北京市第一幼儿园海晟实验园
> **适用班级**：幼儿园大班

一、活动设计意图

设计幼儿园集体开展的幼儿体育游戏，不仅要发展幼儿的体能，达到强身健体的目的，更要让幼儿在游戏中体验快乐的氛围。近年来，我园着重研究如何将中国传统文化、节日习俗和元素加入游戏，让每个幼儿都乐于参与其中，我们首先挖掘我国传统游戏的精髓，为什么传统游戏那么受幼儿的喜爱而且经久不衰呢？我们考虑怎样才能让幼儿在心灵上获得满足感，让他们对节日充满期待。就在一次次的探究中，我寻找到了一些规律，形成了这次以端午节为背景的游戏活动。

二、活动目标

（1）逐步锻炼幼儿手臂力量，增强幼儿的目测力和投远动作的准确性。
（2）激发幼儿对投掷活动的兴趣，培养幼儿勇于尝试的精神。

三、活动准备

（1）准备物质：长5米、宽1米的纱帘；手工缝制的粽子外形沙包若干个；中国传统音乐《庆端午》。
（2）准备经验：幼儿有投掷和投远的经验。

四、活动内容

（一）活动开始

1. 引导幼儿尝试探索投粽喂鱼的方法

引导语："孩子们，端午节你们都吃到粽子了吗？那你们谁能说一说端午节为什么吃粽子呢？"

2. 老师出示游戏材料，让幼儿探讨如何开展游戏

引导语："你们看，李老师拿来了两样材料，你们猜一猜，今天的游戏怎么玩？"

（二）活动过程

老师鼓励幼儿共同参与投远基本动作的练习。

1. 老师讲解游戏规则

引导语："我们喂小鱼吃粽子是为了纪念屈原，对吧？那么每年大家去江边投粽子的时候，能不能你推我挤呢？"

"我们都要站在线后，两个小朋友之间也要留距离。"

2. 老师指导幼儿使用正确方法掷远

引导语："想一想，怎样才能一下子就把粽子投到江水中呢？"

"要挥动手臂，看准目标，将粽子投入江水中。"

3. 幼儿反复练习掷远动作

（1）老师和幼儿讨论如何能准确地将粽子投进江中。

（2）幼儿分组进行掷远动作，每组六人。

4. 老师总结如何能够将粽子抛得又高又远

（1）幼儿分组讨论，如何能够将粽子投入江中。

（2）总结：要目视前方，鼓励幼儿找到一个高处的目标，用上臂力量带动全身进行投掷。

五、活动延伸

每周组织一次分散活动，让幼儿自由练习，提高掷远的能力，也可将粽子沙

包发给幼儿，让幼儿带到家中做游戏。

六、活动反思

本次活动幼儿积极性高，活动生动有趣又带有节日特色，老师的引导语发挥了重要的作用。我结合端午节的传统习俗——投粽子喂江中的小鱼，设计了本次活动。

这次活动目标是逐步引导幼儿提高目测能力和投远动作的准确性，通过启发幼儿喂鱼，增强幼儿的责任意识。首先，在多元体育游戏开展过程中，老师的语言应该具有节日情境性，在导入部分我用了一句："孩子们，端午节你们都吃到粽子了吗？"将幼儿直接带入节日情境，要想让幼儿对活动感兴趣，老师的引导语就要贴近幼儿的生活，这样的导入要比老师站在幼儿面前介绍节日的由来或唱一首节日歌更能激发幼儿参与游戏的主动性。其次，老师发挥语言间接指导的作用。老师对游戏规则的提出一般都比较直接，要求过多，会使幼儿的积极性和参与性降低，而节日体育活动的一大优势就是可以用真实的情境来约束幼儿，形成隐形的规则，老师如果利用好，幼儿非常愿意主动遵守。例如，我在投粽喂鱼的活动中问道："我们这么多小朋友到江边喂鱼，大家要是你推我挤是很危险的，你们认为我们应该怎样站呢？"这样的引导语虽然也是交代规则，但是巧妙地与节日融合，启发幼儿自己制定规则，幼儿在实践时更乐于遵守。在描述动作要领的时候，老师也可以结合节日和游戏的玩法来设计儿歌，增添乐趣。例如，我设计了一个儿歌：粽飘香，香满堂，小鱼小鱼请尝尝，望高望远不慌张，投远动作记心上。在活动中引出这首儿歌，比老师用普通语言讲述更简洁、有趣。活动中幼儿始终保持着极大的热情，意犹未尽，我想这恰巧能够说明他们对本次活动的兴趣十足。我也发现，通过儿歌的提示，幼儿会有意识地去调整自己的动作。在本次活动中，幼儿收获了快乐。

北京学前职教集团"阳光体育活动设计"

序号	活动名称	姓名	申报单位	适用班级
1	多变的体育	李思雨	北京经贸职业学院	大班
2	有趣的体育游戏	刘美君	北京经贸职业学院	大班
3	趣味定向	李黎晨	北京市东华门幼儿园	大班
4	操场保卫战	孙启超	北京市东华门幼儿园	大班
5	小猪历险记	李凌燕	北京市东城区安乐幼儿园	小班
6	快乐的小螃蟹	史文敬	北京市东华门幼儿园分园	大班
7	好玩的球	梁翠翠	国家林业和草原局幼儿园	小班
8	营救蛋宝宝	彭姝蕊	应急管理部机关服务中心幼儿园	小班
9	我是勇敢的小战士	王建晶	北京朝莘蓝岛幼儿园（呼家楼园）	大班
10	我是小勇士	季玲	北京朝莘蓝岛幼儿园（呼家楼园）	大班
11	陆地快艇	徐世鹏	物资机关幼儿园	大班
12	春分播种	佟安艺	北京市东城区东棉花胡同幼儿园	中班
13	灭五毒	胡子义	北京市东城区东棉花胡同幼儿园	大班
14	戏游端午	周雨薇	北京市东城区东棉花胡同幼儿园	小班
15	惊蛰打鼠虫	郑诗岚	北京市东城区东棉花胡同幼儿园	中班
16	除蛰虫	于庆军 王雨诗	北京市东城区新中街幼儿园	中班
17	小兔种萝卜	林大征	北京市东城区新中街幼儿园	中班
18	羊村小勇士	李琪	北京市东城区新中街幼儿园鼓楼分园	中班

续表

序号	活动名称	姓名	申报单位	适用班级
19	攻城游戏	宋佳珅	北京市东城区新中街幼儿园鼓楼分园	大班
20	双脚夹包甩远	张博梁	北京市东城区新中街幼儿园鼓楼分园	大班
21	跳跳虎小队	王骏华	北京市东城区新中街幼儿园	大班
22	超能陆战队	杨盛名	北京市东城区新中街幼儿园	大班
23	丛林搬运工	赵卉	北京市东城区新中街幼儿园	大班
24	汪汪队历险记	郭鹏	北京市东城区新中街幼儿园	中班
25	小兔来闯关	倪雪春	北京市东城区新中街幼儿园	小班
26	小螃蟹运西瓜	蔡薇薇	北京市东城区新中街幼儿园春秀路分园	中班
27	森林足球运动会	侯英杰	北京市东城区新中街幼儿园春秀路分园	中班
28	下雨啦	田梦迪	北京市第一幼儿园海晟实验园	小班
29	投粽喂小鱼	李梦蕾	北京市第一幼儿园海晟实验园	大班